MICHAEL FEIKE

WE WILL DIE

Buddhismus
für Lebenshungrige

W0060292

arkana

MICHAEL FEIKE

WE WILL DIE

Buddhismus
für Lebenshungrige

arkana

Verlagsgruppe Random House FSC® N001967
Das für dieses Buch verwendete FSC®zertifizierte Papier
Supersnowbright liefert
Hellefoss AS, Hokksund, Norwegen.

1. Auflage
Originalausgabe
© 2014 Arkana Verlag, München,
in der Verlagsgruppe Random House GmbH
Lektorat: Diane Zilliges
Satz: Ortrud Müller, Die Buchmacher –
Atelier für Buchgestaltung, Köln
Umschlaggestaltung: Uno Werbeagentur, München
Umschlagmotiv: Michaela Doepke
Druck und Bindung: GGP Media GmbH, Pößneck
Printed in Germany
ISBN 978-3-442-34152-8

www.arkana-verlag.de

Inhalt

Widmung

Ich widme dieses Buch all den Menschen, die mir halfen und helfen, Leben und Geist zu verstehen:

Lama Tanpai, Zen Kokoro Sensei, meinen verehrten Wurzellamas Ringu Tulku Rinpoche und S. E. Garchen Rinpoche; meinen Eltern und Geschwistern; den Frauen in meinem Leben, insbesondere meiner Gefährtin Jana und Veronika, der Mutter meiner Kinder; meinen Kindern David und Maya; Dr. Albert Hoffmann sowie all den großen und kleinen, klugen und dummen Bodhisattvas, die mir geduldig und liebevoll helfen, die „große Frage von Leben und Tod" zu klären.

Danke, Philip, für die Schwitzhütte; danke, Christian, für das Kundalini-Yoga; danke, Mario, für die Lieder.

Möge mein Geschreibe irgendjemandem von Nutzen und mögen alle Wesen glücklich sein.

Vorwort von Ringu Tulku Rinpoche

Nur eine Medizin für alle Patienten parat zu haben ist nicht sinnvoll. Wir brauchen unterschiedliche Mittel für die jeweiligen Beschwerden der einzelnen Menschen. In diesem Sinne sind alle Lehren, die uns die großen Religionslehrer hinterließen, nötig und hilfreich in dieser Welt.

Michael gibt in diesem Buch einige wertvolle Ansätze weiter, die er bei seinen Studien großer östlicher und westlicher Traditionen kennenlernte und für sein Leben nützlich fand. Ich bin überzeugt davon, dass sie für sehr viele Menschen der jüngeren Generation ebenso hilfreich bei allen anstehenden Herausforderungen sein werden.

So wünsche ich mir und bete dafür, dass dieses Buch einer möglichst großen Zahl von Menschen von tiefem Nutzen sein möge.

Ringu Tulku Rinpoche
Berlin, 23. 5. 2014

Intro

An einem sonnigen Frühlingstag 1992 inmitten der blühenden Wiesen des bayrischen Voralpenlandes, nicht weit von dem Kloster, in dem das erste christliche Gebet in deutscher Sprache verfasst wurde, sitzt ein tibetischer Mönch in roter Rober im Hof einer alten ausgebauten Scheune. Vor ihm ein schwelendes Feuer, in seinen Händen die rituellen Instrumente, Glocke und Trommel. Rauchschwaden steigen träge in den blauen Himmel, Vögel singen.

Der Mönch intoniert mit tiefem Singsang eine fremdartige, monotone Liturgie. Um ihn herum eine Gruppe devoter, angeturnter Frauen. Vereinzelt vielleicht der ein oder andere ernst dreinblickende Mann darunter und unter einem alten Holztisch am Rand zwei zwölfjährige pubertierende Jungs.

Die zwei langweilen sich ein bisschen. Dieser rundliche, schlitzäugige Priester aus dem Land des Schnees brummt schon seit einer Stunde vor sich hin, wirft ab und zu Süßigkeiten ins Feuer und brummt weiter. Seit einer Stunde! Die zwei rutschen unruhig unter dem Tisch herum, flüstern und kichern. Einer der beiden war meine Wenigkeit. Ich hatte damals keine Ahnung, welche Bedeutung dieser Tag für mein weiteres Leben haben sollte.

Als die Puja endlich ihrem Ende zugeht, fragt der Lama, ob irgendjemand da sei, der einen Segen empfangen wolle. Schweigen in den Reihen der Damen mittleren Alters und Schweigen unter den vereinzelten ernsten Herren. Allesamt scheinbar gesegnet genug.

Da melde ich mich zögernd, von einem unerklärlichen Impuls getrieben. Ich verlasse etwas schüchtern mein Versteck unterm Tisch und lasse mich mit verschränkten Beinen vor dem Lama nieder.

Es folgt ein weiterer tief monotoner Sprechgesang, Glocke und Trommel erklingen, und dann ist es vorbei, der Lama steht auf, rückt seine Robe zurecht und läuft lachend den Kindern hinterher, um ihnen die reichlich vorhandenen süßen Reste des Brandopfers in die Taschen zu stopfen.

Ich bin gesegnet. Es ist der Segen der kostbaren Kagyupa, einer altehrwürdigen Linie von Lehrern und Yogis vom Dach der Welt. Aber davon weiß ich in diesem Moment nichts. Ich habe nur irgendwie das vage Gefühl, dass dieser rundliche, fröhliche Mann in seiner roten Robe nichts mit Sünde, Schuld und Sühne zu schaffen hat, sondern dass Freude und Herzenswärme durch ihn leuchten und dass, so wie ich da sitze, alles in Ordnung ist mit mir.

Alles ist grundlegend gut. Alles ist in Ordnung mit mir, mit den Ladys in ihren besten Jahren, den ernsten Herren, der weiten Welt und ausnahmslos mit jedem Geschöpf weit und breit.

E Ma Ho!
»Wie wunderbar!«

Aus dem Tibetischen

Buddhanatur –
alles ist gut

Erbsünde oder Buddhanatur –
zwei Perspektiven

*Om sobhawa schudda sarwa dharma sobhawa schudda
hang.*

*»Alle Phänomene sind von Natur aus rein,
auch ich bin von Natur aus rein.«*

Buddhistisches Mantra

*»Da wies ihn Gott der Herr aus dem Garten Eden, dass
er das Feld bestelle, davon er genommen ist, und trieb
Adam aus und lagerte vor dem Garten Eden die Cheru-
bim mit dem bloßen, hauenden Schwert, zu bewahren
den Weg zu dem Baum des Lebens.«*

1. Mose 3,23-24

„Where are you from?" Diese Frage wird einem in Indien ständig gestellt, und ich habe kein Problem damit zu sagen: „I am

German." Stellt allerdings ein israelischer Staatsbürger dieselbe Frage, dann gerate ich unwillkürlich in eine gewisse Verlegenheit, dann geht mir die Antwort auf einmal weniger mechanisch und selbstverständlich von den Lippen. Warum? Weil sich die Generation meiner Großväter durch einen beispiellosen Völkermord an den Großeltern dieses Israelis verschuldigte? Weil ich in Dachau geboren wurde, dem Dachau, das zum Synonym für menschenverachtende Schinderei und Massenmord wurde?

Ich wuchs in einem pazifistischen, umweltbewussten Umfeld auf und wurde von klein auf zu sozialem und ökologischem Verantwortungsbewusstsein erzogen. Ich bin seit meinem sechzehnten Lebensjahr Vegetarier, esse großteils regional erzeugte Bionahrungsmittel, benutze Ökokosmetik, kleide mich in Biobaumwolle und Secondhandkleidung und habe kein Auto. Dennoch beschleicht mich ein ungutes Gefühl, wenn mir ein indisches Kind seine magere Hand hinstreckt und mir aus seinen Augen das ganze Elend entgegenblickt, das unser europäischer Lebensstil weltweit kreiert.

Gibt es so etwas wie eine kollektive Schuld, und lässt sich Schuld über Generationen vererben?

S. H. der 14. Dalai Lama bemerkte einmal verwundert, im Westen würden sich alle irgendwie schuldig fühlen.

Fühlen wir uns schuldig?

„Vergib uns unsere Schuld …"

Aus dem Vaterunser

Das abendländische Denken wurde jahrhundertelang von den christlichen Kirchen dominiert, und ein zentrales Konzept dieser Kirchen ist das der Erbsünde. Wir werden schuldig geboren. Der einzige Weg aus der Erbschuld wurde durch den Opfertod eines gewissen Jesus von Nazareth erschlossen. Aber dieser Weg ist nur offen für die, die das Sakrament der Taufe empfangen haben, und selbst die Getauften bleiben der Gnade einer übermächtigen Gottheit ausgeliefert, und Zugang zu dieser Gnade eröffnen einzig die Priester der Kirche, die Beichte und Ablass kontrollieren.

> *„Herr, ich bin nicht würdig, dass du eintrittst unter mein Dach ...“*
>
> *Aus dem Christlichen*

In diesem Zusammenhang ist es auch interessant, wie sich die Bedeutung des altgriechischen Wortes *daimonion* unter dem Einfluss christlich-kirchlichen Denkens wandelte. Ursprünglich bezeichnete *daimonion* den inneren Wesenskern und/oder auch die (unpersönliche) Lebenskraft des Menschen. Später bedeutete es etwas wie „innerer Schutzgeist", bis dieses „innere Wesen" schließlich zum „Dämon", zum Teufel wurde.

Ist es möglich, dass ein altes, abstruses Konzept auch heute noch Einfluss auf unser Denken und Fühlen hat, auf Denken und Fühlen des postmodernen Menschen im digitalisierten Informationszeitalter?

Im 19. Jahrhundert geriet das Monopol, das die Kirchen bis dahin hielten, wenn es um die Beschreibung innerer, „seelischer" Vorgänge ging, langsam ins Wanken. Spätestens mit Sigmund Freuds Psychoanalyse und als Reaktion auf seine Arbeit formten sich psychologische Modelle im abendländischen Denken, die alternative, dem aufgeklärten modernen Menschen leichter zugängliche Erklärungen für das weite, dunkle Feld der Innenwelt boten.

Inwieweit unbehelligt und unabhängig von kirchlichen Konzepten konnte sich diese junge westliche Psychologie entwickeln? Was für eine Rolle spielt der Sünde-Schuld-Komplex vielleicht auch darin?

Konsultiere ich einen Psychologen, dann gehe ich wahrscheinlich davon aus, dass irgendwas mit mir oder in mir in Unordnung ist. Und wahrscheinlich empfängt mich auch der Seelenarzt mit dem Verdacht, dass irgendetwas mit mir nicht stimmt. Gemeinsam werden wir uns dann tief in meine persönliche Geschichte hineinwühlen, um Grund und Ursache für den Defekt aus den unbewussten Gewölben meiner Vergangenheit zutage zu fördern.

Auch hier steht am Anfang die Annahme, dass etwas falsch mit mir ist und dass die Ursache dafür im düsteren Gestern liegt. Sie wurde mir höchstwahrscheinlich von meinem soziokulturellen Umfeld in die Wiege gelegt.

Die Psychopathologie nimmt viel Raum in unserem psychologischen Verständnis ein. Wir haben umfangreiche Klassifizierungssysteme ersonnen, um die diversen Spielarten psychischer

Normabweichungen zu erfassen, und diese Systeme gerieten so engmaschig, dass kaum jemand überhaupt noch als gesund betrachtet werden kann. Es gibt tatsächlich Regelwerke für Therapeuten, die eine Trauerzeit von zwei Wochen als angemessen ansehen – danach bekommen die Betroffenen die Diagnose einer „abnormen Trauerreaktion".

Ein derartiges psychologisches Verständnis konzentriert sich auf „Krankheit" und setzt ein Fehlfunktionieren an den Beginn eines therapeutischen Prozesses. Der Begriff „Gesundheit" beschreibt danach lediglich ein „Nichtkranksein".

Lässt sich hier eine Fortsetzung des Schuldkomplexes erkennen? Wirkt das Konzept der Erbsünde selbst noch in die modernen psychologischen Systeme hinein?

Wenn ich in München U-Bahn fahre, dann kann ich mich des Eindrucks kaum erwehren, dass irgendein latentes Schuldgefühl den Menschen dort die Stimmung versaut. Wenige scheinen auch nur halbwegs zufrieden zu sein. Viele tragen einen Ausdruck zur Schau, der vermuten lässt, dass sie sich irgendwie so fühlen, als seien sie nicht gut genug, als entsprächen sie nicht ganz einem Standard, dem sie eigentlich entsprechen müssten. Zu wenig Kohle, bescheidener Ruhm, nicht schön oder erfolgreich genug. Unmoralisch, ungebildet, unkreativ – es tut mir leid!

Das Gefühl, nicht oder noch nicht gut genug zu sein, scheint uns tief in den Genen zu sitzen. Wie wohltuend und befreiend wirkt da die Perspektive des Buddhismus.

„Alle Wesen sind ihrem Wesen nach Buddha,
wie Eis seinem Wesen nach Wasser ist."

Hakuin Zenji, Preislied des Zen[1]

Wasser fließt. Immer bewegt folgt es fließend dem Gesetz der Schwerkraft und verweilt niemals in Erstarrung. Eis hingegen scheint sehr fest und „unfließend" zu sein. Aber Eis ist zu 100 Prozent Wasser. H_2O.

Wir sind unserem Wesen nach Buddha. Alles ist grundsätzlich völlig in Ordnung mit uns. Hierzu eine kleine Geschichte: Es war einmal ein reicher Kaufmann, der lebte in den heißen, staubigen Ebenen Nordindiens. Der Kaufmann war alt, aber er hatte einen Sohn, dem er all seinen Reichtum vererben konnte und der einst Macht, Gold und Ruhm der Familie mehren würde.

Nun trieb den Kaufmann ein letztes, unsagbar lohnendes Geschäft in die Ferne. Bevor er aufbrach, veräußerte er sein ganzes unglaubliches Vermögen und investierte es in einen einzigen Diamanten. Diesen Diamanten ließ er in ein seidenes Amulett einnähen, hängte es seinem Sohn um den Hals, gab ihn in sichere Obhut und machte sich davon, um seinen Geschäften in der großen, weiten Welt nachzugehen.

Der Sohn wuchs heran, und es dauerte nicht lange, da brachte ihn sein jugendlicher Leichtsinn in bittere Not. Vorbei war's mit dem komfortablen Leben; keine seidenen Decken mehr, kein Rosenduft, keine Jungfrauen. Nur noch blanker Reis ab und zu und täglich größere Löcher im Gewand. So lebte er viele

Jahre unter Bettlern, ging in Lumpen und verwahrloste mehr und mehr. Um den Hals jedoch trug er stets das seidene Amulett seines Vaters.

Irgendwann streunte er zufällig in seiner alten wohlhabenden Gegend herum, da begegnete er dem betagten Schneider seines Vaters. Der erkannte ihn an dem Amulett, das er um den Hals trug. Die Not war schlagartig vorbei, und der Junge lebte glücklich bis ans Ende seiner Tage.

> *„So wie das leuchtend reine Herz der Sonne durch die Finsternis von tausend Äonen nicht verschattet wird, kann auch das lichtklare Herz deines eigenen Geistes nicht durch äonenlanges Kreisen im Dasein verschleiert werden."*
>
> *Tilopa, Mahamudra Upadesa* [2]

Niemals sind wir von unserem grundlegenden Reichtum, von unserem grundlegenden „Gutsein" getrennt. So wie Wasser auch im gefrorenen Aggregatzustand Wasser bleibt, so sind und bleiben auch wir, selbst inmitten tiefster Verwirrung und wildester Leidenschaft grundsätzlich allesamt Buddhas.

Das ist die frohe Botschaft, die gute Nachricht: Wir waren, sind und werden immer Buddhas bleiben. Buddhasein ist unsere eigentliche Natur. Nicht etwas, das wir irgendwann irgendwie werden können, durch irgendwelche Tricks und Verformungen. Nichts, das uns je verloren gehen könnte.

„All ihr Wesen der drei Bereiche seid den Buddhas, dem
Grund von allem, in Wahrheit völlig gleich, doch euer
Unverständnis des Grundes führt euch in die Irre."

Samantabhadra-Gebet[3]

Lediglich Unwissenheit bezüglich unseres eigentlichen Buddhaseins lässt uns in Armut und Dürftigkeit verharren. Wir alle
tragen das kostbare Juwel der Buddhanatur um den Hals. Buddhanatur ist unsere wahre Natur. Unwissenheit spaltet uns ab
von diesem ursprünglichen Richtigsein und lässt uns in einem
Zustand der Erstarrung, des Gefrorenseins verweilen.

„Seit Anbeginn trägt die unendliche Anzahl aller existie-
renden Wesen den vollkommenen Zustand eines erleuch-
teten Seins als ihre wesentliche Bedingung in sich."

Longchenpa[4]

Buddhanatur ist das Thema dieses Buches. Nicht irgendeine
Buddhanatur, sondern unsere eigentliche, wahre Natur – deine
wahre Natur. Buddhanatur bezeichnet nicht irgendwelche ge-
heimnisvollen, mystischen Gegebenheiten, sondern ist ein Synonym für Geist.

Was aber ist Geist? Um mich diesem Phänomen sprachlich
anzunähern, muss ich unterschiedliche Begriffe bemühen.
Denn „Geist" beschreibt eine Menge recht unterschiedlicher
Funktionen; Buddhanatur ist eine davon. Die europäische Kultur und Kulturen europäischen Ursprungs konzentrieren sich

seit ein paar hundert Jahren auf die Erforschung und Deutung der Umwelt. Wir haben eine komplexe, exakte Sprache erschaffen, um äußere Zusammenhänge gemäß den Erkenntnissen unserer exakten Wissenschaften zu beschreiben.

In Sprachen wie dem Sanskrit oder dem Tibetischen spiegelt sich der Fokus dieser Kulturen auf „innere", psychologische Phänomene wider. Sie brachten einen exakten Wortschatz zur Beschreibung dieser „Innenwelt" hervor. Je nach Zusammenhang finden wir unterschiedliche Begriffssysteme, die annähernd Phänomene wie „Bewusstsein" beschreiben, mal aus einer psychologischen Perspektive, mal aus einem erkenntnistheoretischen Blickwinkel.

Zum Beispiel bezeichnen die tibetischen Wörter „Rigpa" und „Sem" Funktionen des Bewusstseins. „Rigpa" deutet auf eine sehr grundlegende Form des Bewusstseins hin, auf eine offene, unspezifische, wache, wahrnehmungsfähige Kapazität. „Sem" hingegen beschreibt dasselbe Phänomen, nämlich Bewusstsein, jedoch in Interaktion mit und Reaktion auf Ereignisse wie Sinneswahrnehmung etc.

Der Buddhismus spricht von fünf Daseinsfaktoren. Diese fünf „Skandhas" (in etwa: Form, Wahrnehmung, Gefühl, Denken, Bewusstsein) bieten einen begrifflichen Rahmen, sich gedanklich dem komplexen Organismus „Mensch" zu nähern; vergleichbar dem abendländischen Körper-Seele-Geist-Konzept. Vier dieser fünf Skandhas weisen auf „innere" Gegebenheiten hin, auf unterschiedliche Funktionen von „Geist". „Bewusstsein" (sanskrit *Citta*, *Vijñāna*) wiederum wird gemäß seiner momentanen Funktionalität unterschieden und dementsprechend benannt. So werden beispielsweise fünf Arten von „Sinnesbewusstsein", Sehbewusstsein, Hörbewusstsein etc. differenziert. Daneben werden weitere Funktionen des Bewusstseins wie gedankliches Erfassen, Reflexion etc. begrifflich unterschieden.

In dieser Vielzahl an Begriffen, die das Phänomen „Geist" beschreiben, zeigt sich ein Verständnis, das „Geist" als vielschichtige, bewegliche Realität begreift. „Bewusstsein" ist demnach kein in sich geschlossenes, unabhängiges, klar begrenztes Phänomen, sondern ein offenes, interaktives Feld. Darüber hinaus gilt: Alle Begriffe, abend- wie morgenländische, sind nur ein verbaler Hinweis auf ein komplexes Ereignis jenseits der Sprache. Wir sollten also auf der Hut sein und nicht den Finger, der auf den Mond zeigt, mit dem Mond verwechseln!

Außerdem: Erschließen wir uns ein philosophisches, psychologisches System, das in einem uns fremden kulturellen Milieu gewachsen ist und das die Färbung dieses kulturellen Milieus trägt und sich eines Vokabulars bedient, das dem Verständnis dieser Kultur entspricht, dann stehen wir vor einer großen Herausforderung, der Herausforderung der Übersetzung. Übertragen wir ein solches System in eine andere, in unsere Sprache, dann verwenden wir hierfür gezwungenermaßen Begriffe, die wir unserem eigenen kulturellen Milieu entlehnen und die mit einer Bedeutung aufgeladen sind, die unserem kulturellen Verständnis entspricht. Jedes Wort hat einen kulturellen Beiklang, jede Übersetzung ist lediglich eine Annäherung.

Ich werde im Folgenden Wörter wie „Buddhanatur", „Geist", „Bewusstsein", „Bewusstheit", „Wachheit", „Gewahrsein" relativ frei und intuitiv verwenden. Es geht mir hier nicht in erster Linie um einen exakten Sprachgebrauch, sondern um einen bestimmten Geschmack, eine bestimmte Erfahrungsnuance. Die verwendeten Wörter sind immer ein Hinweis. Sie sind der Finger, der auf den Mond deutet, nicht der Mond selbst!

Es geht nur um eins in diesem Buch: um dich! Es geht um deinen „Geist", um den „Erfahrenden" und seine Erfahrung, um den Träumer und um seinen Traum, um Bewusstsein und um Verwirrung. Und darum, wie wir uns in unseren eigenen Träumen verfangen und sie zu Albträumen umschreiben. Es geht um deine Träume, deine Albträume.

Alles, was hier geschrieben steht, hat also etwas mit dir zu tun. Und alles hat natürlich auch etwas mit mir zu tun. Beginnen wir damit, uns unsere Träume und Albträume anzuschauen.

Du bist nicht dein Auto, dein Konto, dein Schulabschluss, dein Diplom, deine Partei ...

Willkommen in der Welt der Fantasy-Rollenspiele. Kreiere dir deinen persönlichen Helden, erfülle erfolgreich deine Quests und besiege am Ende das Böse! Die Welt der PCs und Videospiele ist eine lineare Welt. Hat der Held ein bestimmtes Level erreicht, hat er zehn Edelsteine, einhundert Goldstücke und vielleicht einen gewissen Waffenwert beisammen, dann kann er ein mächtiges magisches Schwert erwerben und den Gegner der aktuellen Quests besiegen.

10 Edelsteine + 100 Goldstücke + Waffenwert X = mächtiges, magisches Schwert. Erfolg garantiert! Und sollte der Held einmal sterben, dann gibt es ein Save und einen weiteren Versuch.

Internet-Rollenspiele sind ein Wirtschaftszweig. Virtuelle Helden, Waffen, Rüstungen und so weiter sind Wirtschaftsgüter mit realem Geldwert. Junge Menschen zahlen Geld für virtuelle Waffen, die ihren virtuellen Helden verbessern. So sehr kann man sich mit derartigen Helden identifizieren. Sieg und Niederlage des virtuellen Helden werden zu persönlichem Gewinn und Verlust.

Aber was bleibt von Ruhm und Ehre der Fantasy-Welt, wenn mein Computer abstürzt oder wenn ich nach einer erfolgreich durchzockten Nacht müde den Rechner herunterfahre? Wie lange werde ich mich wohl erinnern an die lange, glorreiche Namensliste meiner strahlenden Helden?

Ich habe lange Nächte meiner kostbaren Lebenszeit mit einem solchen Spiel vertan, habe mich gefreut und geärgert, habe gefürchtet und gehofft. Ich habe von diesem Spiel geträumt, habe im Traum Strategien fürs Weiterspielen entworfen, so stark waren die flüchtige Faszination der virtuellen Welt und die Identifikation mit dem virtuellen Helden.

In der „realen" Welt gibt es kein Save. Die Ereignisse verlaufen nicht unbedingt linear. Das Leben ist unüberschaubar und vielschichtig. Dennoch verhalten wir uns gelegentlich, als spielten wir ein Fantasy-Game. Wir identifizieren uns ständig mit unseren Rollen und Erfolgen, mit unserem Status und unserem Besitz.

Oft genug bauen wir unser Selbstbild und unser Selbstwertgefühl auf irgendwelche Dinge. Mein Hugo-Boss-Anzug, mein BMW, meine Rolex, mein Penthouse, mein Vorgartenzwerg. Aber: Allerspätestens in achtzig Jahren werde ich sterben! Oder ich teile mir ein Zimmer mit einem senilen Opa im Seniorenheim. Welche Rolle spielt es dann, welcher Designer die Anzüge in meinem Schrank entworfen hat und was für ein Auto in der Schrottpresse zum Würfel gepresst wird?

Ich habe ein Jahr lang in einem geschlossenen gerontopsychiatrischen Lebensbereich gearbeitet. Kaum einer der dort Wohnhaften konnte sich an sein letztes Auto erinnern, kaum einer an seinen Dr. Prof. Dipl.-Ing., seine Familie, seine Kriegsorden. Frau Müller war eine glühende Anthroposophin. Jahrzehntelang war sie Waldorflehrerin und aktiv in diversen anthroposophischen Arbeitskreisen. Als ich sie nach Rudolf Steiner fragte, dem Begründer von Anthroposophie und Waldorfpädagogik, sagte sie: „Hoi – wer isch des?"

Die Lehre Rudolf Steiners hatte einen großen Teil ihres Lebens bestimmt, ihr Hoffen und Streben, ihr Machen und Tun – und in ihrem letzten Jahr konnte sie sich nicht einmal mehr an seinen Namen erinnern.

Wir sind besessen von persönlichem Erfolg. Wer nicht erfolgreich ist, fühlt sich schuldig, minderwertig bis wertlos. Um dem zu entgehen, identifizieren wir uns unermüdlich mit unseren

Berufen, Diplomen, Auszeichnungen, mit unserem Besitz, unserem sozialen Milieu, unserem Status etc. pp. Und wenn mangelnder Erfolg hier keine befriedigende Identifikation erlaubt, dann identifizieren wir uns eben mit einem virtuellen Helden oder mit einem erfolgreichen Fußballclub.

Ein Bekannter von mir, Tommy, ist FC-Bayern-Fan. Nun ist der FC Bayern seit Jahren ein erfolgreicher Verein, sprich, seine Fans haben meist guten Grund zu frohlocken und sich „ihrer" Siege zu erfreuen. Verlieren „die Bayern" nun aber doch einmal ein Spiel, dann lässt Tommy sein Bier stehen und seine Freunde sitzen und legt sich ins Bett. Völlig frustriert. Zutiefst betroffen und berührt von dieser „seiner persönlichen" Niederlage. Natürlich kennt er keinen der Spieler persönlich.

Unentwegt identifizieren wir uns mit Dingen, Gruppierungen und Ideen und konstruieren auf dieser Identifikation unser Selbstbild und Selbstwertgefühl. Aber letztendlich ist all dies nicht stabiler als der Held eines Fantasy-Rollenspiels. All unsere Erfolge und Verluste sind nicht absolut wirklicher als Sieg und Niederlage unseres virtuellen Helden.

Was geschieht wohl mit dieser vielschichtigen Identität, wenn wir sterben? Einmal einen kurzen Blick auf unser Smartphone geworfen, und wir fahren unseren BMW an die Wand, brechen uns einen Halswirbel und sind für den Rest unseres Lebens abhängig von jemandem, der uns füttert und die Windel wechselt.

Erfolg ist flüchtig. Kein Status und kein Besitz werden lange unser Eigen sein. Jede Identität, die sich auf das instabile, relative Fundament von Besitz und gutem Ruf stützt, gleicht dem

Helden eines Fantasy-Games und wird früher oder später in sich zusammenfallen.

Kick out your concepts!

Die Schwalben kreisen hoch im blauen Frühlingshimmel. Wolken türmen sich zu schneeweißen Formationen. Ein sanfter Wind streift durch sattgrüne, wogende Wiesen. Ich schlendere einen trockenen Feldweg entlang. Langsam. Ich habe seit zwei Wochen keine feste Nahrung zu mir genommen, meine Sinne sind wach und scharf, mein Körper ein wenig schwach.

Gedanken kommen und gehen. Ich bin achtzehn Jahre alt, in einem Jahr werde ich die Schule mit dem Abitur abschließen und werde mich auf einer Universität einschreiben. Philosophie? Psychologie? Doch zunächst ein Jahr Abiturvorbereitung. Lernen, lernen, lernen. Bergeweise Information. Information, die ich schnell wieder vergessen werde, weil der Großteil davon irrelevant für mein Leben ist. Und dann weitere Jahre in Hörsälen. Weitere Berge irrelevanter Information.

Ich trage eine weiße Hose und ein weißes Hemd. Ich lese gerade die Biografien von Gandhi und Yogananda. Ich setze mich in den Schatten einer alten Linde. Der Wind streichelt meinen kahlen Schädel. Bienen summen in den Lindenblüten. Ich strecke meine nackten Füße von mir und lehne mich gegen den warmen Stamm.

Das Leben ist ein Wunder. Ein Wunder, dass ich existiere.

Ein Wunder, dass da etwas bewusst ist, wach und klar und fähig, all die Schönheit dieser Welt wahrzunehmen. Träge fällt das Sonnenlicht durch das tanzende Blattwerk.

Das ist es! La vida! Fernab von Klassenzimmern und Hörsälen. Philosophie? Puh! Weitere Jahre in düsteren, grauen, abgestandenen Brackwässern – während das unbändige Leben mir gewaltig an der Nase vorbeirauscht? Nein! Ich werde nicht Philosophie studieren. Ich werde überhaupt nicht studieren! Ich werde kein Abitur machen! Das Leben ist kostbar. Ich habe keine Zeit für irrelevante Information. Ich werde schreiben. Schriftsteller sein. Ich werde einen Guru finden und mit seiner Hilfe die „große Frage von Leben und Tod" klären. Das Leben ist ein Wunder! Ein Wunder und kein Marktplatz, kein abgestandener Brackwassertümpel.

Eine große, glorreiche Entscheidung. Dank dieser Entscheidung lebe ich seit Jahren von einem Hilfsarbeiterlohn, habe keinen Führerschein, keine finanziellen Rücklagen, keine nennenswerte Rente wartet auf mich.

Nun bedrückt mich das nicht besonders. In meiner Kindheit gab's kaum Taschengeld, keine Markenkleidung, keinen Fernseher und kein neues Mountainbike. Und trotz alledem oder vielleicht gerade deswegen hatte ich eine wunderbare Kindheit. Es gab viel Liebe, Offenheit, Vertrauen. Ob wir uns zufrieden oder unzufrieden fühlen, hat wenig mit materiellen Gütern zu tun.

In Indien begegnete mir erschreckende Armut – und dennoch schienen die Menschen dort weniger frustriert und weniger von einem Gefühl persönlicher Wertlosigkeit geplagt zu sein als in unseren europäischen Metropolen, trotz schrägem Frauenbild und Kastensystem.

Wer nicht viel besitzt, der identifiziert sich gewöhnlich weniger stark mit seinem Besitz. Sonderbarerweise kann es aber geschehen, dass er sich mit seiner Armut identifiziert. Oft genug ruht unser Selbstbild auf Selbstmitleid. „Ich arme Sau!"

Häufig identifizieren wir uns mit unseren Sorgen, Krankheiten und Leiden, mit Armut und Dürftigkeit, und manchmal tun wir uns erstaunlich schwer damit, unsere Misere loszulassen, *unser* persönliches, wohlvertrautes Leid. Wir klammern uns verzweifelt daran und verteidigen es wie einen Schatz. Doch auch ein negatives Selbstbild ist nicht stabiler und beständiger als der Held in einem Videospiel.

Es liegt durchaus in unseren Händen, wie wir die Gegebenheiten interpretieren. Besitzlosigkeit muss kein verzweifeltes Selbstbild begründen. Wir können auch eitel und stolz auf unsere Armut blicken, voller Verachtung für Bonzen und Spießer. Identifikation und die Kreation von Selbstbildern sind sehr subtile und meist sehr unbewusste Prozesse.

Ich konnte mich nie groß mit materiellem Kram identifizieren, konnte nie Selbstwert aus schicken Schuhen und schnellen Autos schöpfen. Das heißt aber nicht, dass ich deshalb nie in die Identifikationsfalle geriet. Ich habe jahrelang sorgfältig an einem Wert stiftenden Selbstbild gefeilt: Ich bin Schriftsteller! Seit meinem fünfzehnten Lebensjahr. Dass ein Schriftsteller ohne Veröffentlichung eine etwas komische Figur abgibt, störte mich nicht sonderlich. Charles Bukowski trank bis in seine Mittdreißiger hinein. Trank und schlug sich als Postbote, Spieler, Zuhälter, Metzger und Bahnarbeiter durch. Dann begann er zu schreiben, trank weiter, und irgendwann veröffentlichte jemand seine wunderbar aufrichtigen, lustigen, schmutzigen Storys.

Die Nebenwirkungen meiner Identifikation mit der Schriftstellerrolle waren und sind nicht unerheblich. Kein Schulabschluss, keine Berufsqualifikation ... Seit zwei, drei Jahren versuche ich erfolglos, mit dem Rauchen aufzuhören, denn in meiner Vorstellung rauchen Schriftsteller. Sie rauchen, trinken, leben exzessiv, verwegen und wild. Dieses Schriftsteller-Selbstbild formt und gestaltet beträchtlich meine Alltagserfahrung. Es spendet mir Selbstwert und hält mich gefangen in einem bestimmten Film, einem bestimmten Trip.

Und wie alle Identifikationen, wie alle Selbstbilder ist es natürlich fragil, ein zerbrechliches, vages Konstrukt. Und nicht genug, dass mein Alltag beträchtlich davon regiert wird; auch meine jeweilige Partnerin und meine Kinder spielen mit in meinem Schriftsteller-Trip, ob sie wollen oder nicht.

Darüber hinaus war ich Hippie, Punk, Sänger in einer Band, angehender Kungfu-Meister, Bohemien, Philosoph ... weitere Selbstbilder, weitere Ebenen der Identifikation, weitere Filme.

Und wer gar nichts hat und gar nichts kann, der kann sich immer noch mit seiner unerhörten Moralität identifizieren, mit seiner infamen Bosheit, seiner Schönheit, seinen Muskeln und so weiter und so weiter. Es gibt unendlich viele Möglichkeiten der

Identifikation, unendlich viel Garn, um Selbstbilder daraus zu stricken. Das Problem ist: Jede Identität, alle Selbstbilder, die auf äußeren Dingen und Faktoren gründen, sind völlig abhängig von der Veränderlichkeit und Unbeständigkeit dieser Faktoren.

Und wie beständig sind „innere" Phänomene? Wie beständig sind Glaubenssätze, Ideen, Meinungen, Emotionen?

Es reißt uns sehr leicht in tiefe Unsicherheit und Schwermut hinab, wenn wir unsere Identität bedroht erleben. Tatsächlich aber ist sie andauernd bedroht, weil ihre Fundamente grundlegend instabil sind. Darüber hinaus begrenzen wir uns mit jeder neuen Schicht von Identifikation. Egal wie vielschichtig unser Selbstbild angelegt sein mag, es hält uns gefangen auf einer bestimmten Bühne, in einer bestimmten Rolle.

Selbstbilder sind vielschichtige, schillernde Konstrukte, aufgebaut aus einer Menge kunterbunter Bausteine. „Ich brauche wenig Schlaf", „Ich bin zu dick", „Ich bin Vegetarier", „Ich bin ein Doktor der Philosophie", „Ich bin ein spiritueller Mensch".

Leicht erliegen wir der Versuchung, ein Selbstbild zu fixieren und es als stabile, monolithische Einheit zu betrachten, aber tatsächlich ändert sich das Bild, das wir von uns haben, fortlaufend. Ganze Teile brechen plötzlich fort, andere wachsen unbemerkt dazu, und weite Felder dieser fragilen Konstruktion setzen sich aus Bildmaterial zusammen, das von außen kommt, aus dem gesellschaftlichen Netz, in das wir eingewoben sind. Es sind Vorstellungen darüber, was wir sind, die darauf gründen, was wir sein sollen, darauf, was von uns erwartet wird, und darauf, wie andere uns wahrnehmen und spiegeln.

Oft verfahren wir mit Selbstbildern wie mit Fotografien, fixierten Momentaufnahmen, die wir ins Fotoalbum „Identität" einkleben. Tatsächlich ist Identität jedoch vielmehr einem Film vergleichbar, einem fließenden Strom von Bildern, der sich aus Millionen bunten, bewegten Pixeln zusammensetzt und den Eindruck einer kontinuierlichen Story vermittelt.

Identität ist also kein fixes Gebilde, weder Palast noch Wellblechhütte – sie ist vielmehr eine bunte Ruine, an der ohne Unterlass weiter herumgebaut wird; hier ein paar Steine weg, da ein Fenster dazu, aufgestockt, unterkellert, verziert, eine ewige Baustelle. Und sie ist, ohne Fundament, auf Wanderdünen gebaut, und der Bauherr hat nur bedingt mitzureden, wo gebaut wird, wann gebaut wird, was gebaut wird. Ein ganzes Heer von Handwerkern, Statikern, Architekten, Zulieferern, Passanten, Denkmalschützern und Gemeindebeamten baut und bastelt frisch fröhlich mit – an „meiner" wie an „deiner" hochheiligen Identität. Diese ewige Ruinenbaustelle steht im Zentrum unseres Traums. Aber wo ist der Träumer in diesem Durcheinander?

Die einzige Gewissheit: Reine Bewusstheit

„Mach dir bitte keine Sorgen:
Wo auch immer du bist,
du bist stets du."

Ikkyû Sôjun[5]

Gibt es Gewissheit? Können wir irgendetwas mit absoluter Gewissheit wissen, über uns selbst und die Welt? Gibt es eine absolute, stabile Basis für Identität? Name, Geschlecht, Nationalität, Bildung, Besitz, Überzeugungen, unser Körper ... All das sind relative Phänomene. Nichts davon hat Bedeutung, wenn wir sterben.

Der Tod ist das große Geheimnis. Wir alle wissen, dass wir sterben werden. Keiner weiß, wann es geschehen wird. Keiner weiß, wie. Keiner weiß, was danach geschieht. Wir wissen nicht, ob der Tod unser definitives Ende ist oder ob wir in irgendeiner Form darüber hinaus existieren. Zu glauben, mit dem Tod sei es ein für alle Mal aus mit uns, das ist nur ein weiterer Glaubenssatz, der darauf beharrt, unser Bewusstsein sei eine Funktion unseres Gehirns. Atheisten und Materialisten sind gleichermaßen gefangen in Glaubenssätzen wie Theisten und Idealisten.

Darüber, was wahr und real ist, können wir wenig sagen. All unsere Ansichten und Meinungen über uns und das Leben sind letztlich Glaubenssätze. Ein Zentimeter ist keine natürliche Gegebenheit, sondern wurde von uns definiert. Dass die Erde ein kugelförmiger Körper ist – wer von uns hat sie umrundet, wer hat sie aus dem All gesehen? Wir glauben, dass sie rund ist, so wie die Menschen vor ein paar hundert Jahren glaubten, dass sie eine Scheibe ist. Wir schließen auf ihre runde Form aus Beobachtungen, die Einzelne gemacht haben.

All unser vermeintliches Wissen beruht auf Erzählungen anderer, auf eigener Schlussfolgerung und auf den Daten, die uns unsere Sinne liefern. Aber ob diese Daten, ob Informationen und Sinneseindrücke tatsächlich die Realität zeigen – wir *wissen* es nicht.

200 millionstel Gramm LSD 25 katapultieren mich unweigerlich in eine andere Welt. LSD 25 unterscheidet sich nur unwesentlich von Serotonin, einem multifunktionalen Neurotransmitter in meinem Gehirn. Bei der Einnahme übernehmen 200 millionstel Gramm des LSD-Moleküls vorübergehend die Botenstofffunktion des Serotonins, die chemischen Prozesse in meinem Gehirn werden also vorübergehend minimal manipuliert. Das Ergebnis dieser kaum nennenswerten chemischen Veränderung im Gehirn scheint eine *andere Welt* zu sein, und die Erfahrung dieser „anderen Welt" kann so traumatisch und schockierend sein, dass sie mich direkt ins Bezirkskrankenhaus führt.

Aber tatsächlich ist es natürlich mein Blick, der sich verändert, meine Wahrnehmung, meine Erfahrung der Welt – und ein Element dieser veränderten Weltwahrnehmung, dieser „psychedelischen Erfahrung", ist die bestürzende Gewissheit, dass es keinen Ausweg gibt; keinen Himmel, keinen verlorenen Garten Eden, keinen transzendentalen Raum irgendwo über dieser Welt, dieser Welt von Geburt und Tod, von Freude und Leid. Es gibt *keinen* Ausweg aus meinem Sein, keinen Ort jenseits davon. Aber es gibt unterschiedlichste Möglichkeiten, diese eine Welt wahrzunehmen.

„Das Leben ist eine Serotonin-Halluzination."

Terence McKenna[6]

Die Welt ist nicht unbedingt so, wie ich gelernt habe, dass sie ist, und wie sie mir erscheint. Jede Aussage über das Wesen des Seins ist ein Glaubenssatz.

Kann es hinter all diesen Glaubenssätzen irgendeine Gewissheit geben? Ob es überhaupt eine Welt außerhalb meines Bewusstseins gibt, kann ich nicht feststellen. Ob das mittels der Sinne wahrgenommene Objekt tatsächliche, objektive Existenz hat, kann ich nicht wissen. Meine Welt beschränkt sich auf die Bilder der Phänomene in meinem Bewusstsein.

Meine Sinne vermitteln mir ein Bild der Sonne, ihrer Helligkeit, ihrer Wärme. Ob dieses Bild der „echten" Sonne entspricht oder nicht – ich kann es nicht wissen. Die Sonne eines Schmetterlings, wahrgenommen durch seine Facettenaugen, ist eine andere Sonne. Ob meinem Bild der Sonne überhaupt ein objektiv wirkliches Gegenstück entspricht – ich weiß es einfach nicht.

Somit ist das wahrnehmende Gewahrsein selbst meine einzige Gewissheit. *Dass* da Wahrnehmung ist – das weiß ich. In diesem Moment existiert eine wie auch immer geartete Form der Wachheit, eine Aufnahmekapazität, auf deren Basis Sinneseindrücke möglich sind. Über das Wesen dieser Wachheit, dieser Bewusstheit lässt sich wiederum nichts mit Gewissheit sagen. Dass jedoch in diesem Moment eine bewusste, wache, wahrnehmungsfähige Kapazität wirksam ist, lässt sich nicht leugnen. Und diese wache, wahrnehmende Funktion, diese Bewusstheit, das ist Buddhanatur.

„Alle Buddhas und alle lebenden Wesen sind nichts weiter als Universalbewusstsein, außer dem nichts existiert. Diese Geistessenz, die immer existiert hat, ist ungeboren und unzerstörbar. Sie ist weder grün noch gelb und besitzt weder Form noch Erscheinung [...] Dieses Universalbewusstsein allein ist der Buddha, und es gibt keinen Unterschied zwischen dem Buddha und den lebenden Wesen, aber die lebenden Wesen sind an Form gebunden und suchen so außer ihr nach der Buddhaheit.“

Die Lehre des Huang Po vom Universalbewusstsein [7]

Der reine Geschmack von Tequila

Buddhanatur ist somit die Basis aller Erscheinung. Form, Wahrnehmung, Empfindung, Emotion und Denken, alles ereignet sich auf der blanken Leinwand des Bewusstseins, der Buddhanatur.

Bewusstheit ist einem Spiegel vergleichbar. Aufgrund seiner Leerheit von eigener Farbe und Form ist er fähig, die Phänomene zu spiegeln, die ihn umgeben. Er ist leer von spezifischer Eigennatur, nur so kann er spiegeln. Ebenso ist Bewusstheit leer von spezifischer Eigennatur und hat die klare, wache Kapazität der Wahrnehmung.

Bewusstheit ist wie der Raum – offen, weit, formlos, farblos, allumfassend und alldurchdringend. Aufgrund seiner Leerheit und Offenheit ermöglicht der Raum das Erscheinen der Phänomene. Aufgrund ihrer Leerheit und Offenheit ermöglicht Bewusstheit die Erfahrung von Wahrnehmung, Denken und Fühlen.

Bewusstheit ist die Basis aller Erfahrung. Ohne Bewusstheit wäre *nichts* erfahrbar. Sie ist der grundlegende Geschmack des Seins. Wir sind also immer bewusst. Selbst im Tiefschlaf besteht eine irgendwie geartete Form von Bewusstheit fort, die körpereigene Prozesse wie Stoffwechsel, Herzschlag und Atmung koordiniert und die uns aufweckt, wenn Gefahr droht. Wo immer du wahrnimmst, denkst, fühlst, bist du bewusst.

Warum aber ist es scheinbar so schwer, diesen grundlegenden Geschmack des Seins zu schmecken und zu genießen? Weil wir seit jeher auf den Geschmack von Wahrnehmung, Fühlen und Denken fixiert sind.

Wenn du noch nie in deinem Leben reinen Tequila getrunken hast und dir einen Tequila Sunrise an der Bar bestellst, dann wird es dir unmöglich sein, den eigenen Geschmack des Tequilas aus dem Drink herauszuschmecken, weil er vermischt und überlagert ist vom Geschmack des Orangensafts und des Granatapfelsirups.

Hast du hingegen einmal puren Tequila getrunken, dann wird es dir möglich sein, diesen speziellen Geschmack in jedem Drink zu erkennen. Je vertrauter du mit dem Tequilageschmack bist, umso leichter wird es dir fallen zu sagen: „Da ist Tequila drin, da ist keiner drin."

Gleichermaßen ist unsere Erfahrung der Buddhanatur, jener

wachen, wahrnehmenden Bewusstheit, stets überlagert von anderen Wahrnehmungsebenen wie der unserer Empfindungen, unserer Gedanken und Gefühle. Wir sind nicht vertraut mit dem ursprünglichen Geschmack unseres Buddhaseins.

Spirituelle Praxis hat die Funktion, uns mit dem ursprünglichen Geschmack reiner Bewusstheit immer vertrauter zu machen, bis wir fähig sind, diesen Geschmack immer, aus jeder Erfahrung, herauszuschmecken.

> *„Wenn diejenigen, die den Weg studieren, nicht zu dieser Geistsubstanz erwachen, so werden sie einen Geist über und oberhalb des Geistes erschaffen, den Buddha außerhalb ihrer selbst suchen und weiter an den Formen, Praktiken und Verrichtungen haften, welche alle schädlich sind und nicht der Weg zum höchsten Wissen."*
>
> *Die Lehre des Huang Po vom Universalbewusstsein* [8]

Alle Phänomene sind von Natur aus rein, auch du bist von Natur aus rein

Bewusstheit ist nichts, das erworben werden müsste. Sie ist nicht das Resultat irgendeiner esoterischen Übung und nicht die Gnade irgendeiner Gottheit. Sie ist unsere ureigene, innerste Natur.

Der Himmelsraum bleibt unberührt und unbeschmutzt von den Phänomenen, die in ihm erscheinen. Wenn Wolken den

Himmel bedecken, erscheint uns die Welt kalt und grau. Über der Wolkenschicht jedoch öffnet sich der Raum, von Regen und Wolken unbehelligt, in seiner ganzen grenzenlosen Weite. Jeder, der einmal in einem Flugzeug saß, weiß das.

Empfindungen, Gefühle und Gedanken gleichen diesen Wolken, die in der Weite des Raumes erscheinen und vergehen. Die Weite des Raumes, ursprüngliche Bewusstheit, bleibt davon unberührt.

> *„Weggefährten, ‚derjenige' in euch, der hier und jetzt sieht und hört, ist auch ‚derjenige', welcher durchs Feuer gehen kann, ohne verbrannt zu werden [...] und welcher sich im Bereich der drei tiefen Höllen bewegen kann, als spiele er auf einer lieblichen Wiese."*

> *Rinzai Roku* [9]

Solange ich mich mit den Erscheinungen, mit Wahrnehmungsinhalten, Emotionen und Gedanken identifiziere, wird deren Geschmack den Geschmack der reinen Bewusstheit überlagern. Erst wenn ich wirklich vertraut bin mit Bewusstsein, dem ursprünglichen Geschmack des Seins, werde ich mich in dieser Erfahrung „offener Weite" entspannen können, unberührt von emotionalen und mentalen Unwettern.

> *„Unsere eigentliche Buddhanatur ist in Wahrheit nichts, das begriffen werden könnte. Sie ist leer, allgegenwärtig, still und rein; [...] und dies ist alles, was über sie ausge-*

sagt werden kann. Ihr müsst zu ihr erwachen und deren Tiefe ergründen. Das, was sich vor euch befindet, ist voll und ganz, und es gibt nichts, was auch immer fehlen könnte. Wenn ihr auch durch alle Stufen eines Bodhisattvas zur Buddhaheit hindurchgeht, Stufe um Stufe, und ihr zuletzt in einem einzigen Gedankenblitz die volle Verwirklichung erlebt, so werdet ihr nur eure eigentliche Buddhanatur erfahren, und bei allen vorhergehenden Stufen werdet ihr derselben kein einziges Ding hinzugefügt haben."

Die Lehre des Huang Po vom Universalbewusstsein [10]

Deine wahre Identität erkennen

Unsere „wahre Natur", der innerste Kern unseres Seins, ist also blankes Gewahrsein. Was hindert uns daran, dieses blanke, reine Gewahrsein als Basis unserer Identität zu erkennen? Es ist die ständige Identifikation mit den relativen Erfahrungsräumen von Wahrnehmung, Denken und Fühlen. Dabei ereignen sich diese Erfahrungen sämtlich im offenen Raum reiner Bewusstheit. Sie sind samt und sonders Ausdruck dieser Bewusstheit und somit grundsätzlich von derselben Reinheit und Offenheit.

„Wenn wir praktizieren, geht es darum, die wahre Natur des Geistes zu erkennen. [...] Wenn genau diese Basis erkannt wird, [...] sind wir ein Buddha. Wenn diese Ba-

sis nicht erkannt wird, sind wir ein gewöhnliches Wesen und wandern in Samsara. [...] Was die Basis ist, erkennen wir an den Erscheinungen, denn sie entstehen aufgrund der Basis. Wer in den Erscheinungen erkennt, dass es sich dabei um die uranfängliche, reine Basis handelt, um ihren Selbstausdruck, der hat die wahre Bedeutung erkannt [...] und Buddhaschaft erlangt."

Gangteng Tulku Rinpoche[11]

Bewusstheit als Basis unseres Wesens und alle Erfahrungen als Ausdruck dieser Basis zu erkennen und anzuerkennen ist Ziel und Gegenstand der „inneren Arbeit", der spirituellen Praxis. Innere Arbeit ist also ein Sichidentifizieren mit Bewusstheit als Basis des eigenen Seins und ein Vertrautwerden damit, wie sich diese Bewusstheit in der Erfahrung von Wahrnehmung, Denken und Fühlen ausdrückt.

Die Lehren des Buddha sind funktional. Sie beschreiben die Methoden, die uns mit der Basis (der einfachen, reinen Bewusstheit) und deren Ausdruck (der vielschichtigen Welt der Erscheinung und Erfahrung) vertraut machen. Wir beginnen damit, uns einerseits mit dem Geschmack dieser Bewusstheit vertraut zu machen und andererseits mit der Art und Weise, wie sie sich äußert und zur Erfahrung der mannigfaltigen „Welt der zehntausend Dinge" verdichtet. Am Anfang des spirituellen Prozesses steht dieses zweifache Verständnis.

In der Übung der Meditation machen wir uns mit dem tatsächlichen Geschmack dieser Erkenntnis vertraut, sprich, wir trinken den „Tequila" und erfahren seine Wirkung. Erkenntnis allein bleibt konzeptuell und oberflächlich. In der Meditation verdauen wir unser Wissen, sodass Weisheit daraus werden kann. Weisheit, die sich wiederum in unserem alltäglichen Handeln auszudrücken vermag.

Alles ist gut.

Wir sind Buddhas, die nicht wissen, dass sie Buddhas sind. Aufgrund dieser Unwissenheit identifizieren wir uns ununterbrochen mit flüchtigen, relativen Erfahrungsinhalten und werden wieder und wieder enttäuscht. Andauernd verstricken und verlieren wir uns in der Erfahrung von Schmerz und Leid, mal ganz offensichtlich, mal auf subtilere Art.

Diese Erfahrung andauernder Enttäuschung, gegründet auf Unwissenheit in Bezug auf unser eigentliches Sein, auf Identifikation mit flüchtigen, substanzlosen Inhalten und auf stetige Verstrickung in ungeschicktes Handeln, dieser verrückte Geisteszustand wird im Buddhismus „Samsara" genannt. Samsara wird erfahren, wenn sich der Träumer in seinem eigenen Traum verliert, wenn der Traum realer und bedeutsamer wird als der, der ihn träumt.

Im Folgenden werde ich zunächst diesen samsarischen Geisteszustand etwas genauer beleuchten, um dann im Hauptteil dieses Buches ein Set gut verifizierter Methoden anzubieten, die es dir ermöglichen, Licht ins samsarische Dunkel zu bringen und einen Geschmack von deinem eigentlichen Buddhasein zu bekommen. Ich halte mich dabei grundlegend an ein erprobtes Darstellungsschema, das sich in vielen traditionellen Texten bewährt hat. Gleich zu Beginn werden wir darin auf uns selbst verwiesen, auf den Träumer, den Erfahrenden, auf unser Buddhasein. Die „spirituelle Arbeit" erscheint dann als eine Art gut beschilderter Weg, der uns Stufe für Stufe zu uns selbst führt.

Es geht dabei nicht um definitive, absolute Aussagen über die Wirklichkeit, sondern um Methoden, die uns helfen können, mit den Herausforderungen unseres Lebens klarzukommen. Kein Satz in diesem Buch erhebt den Anspruch, definitiv wahr zu sein, kein Wort sollte als absolute Wahrheit missverstanden werden. Dieses Buch ist vielmehr eine Art Werkzeugkasten mit beiliegendem Benutzerhandbuch.

Im folgenden Teil, „Der Schrecken der Situation", werde ich versuchen, anhand der sogenannten vier Grundgedanken zu klären, wie wir uns andauernd und wiederholt in leidvollen Abläufen, in selbstgestrickten Albträumen verlieren.

Der Hauptteil des Buches, „Wie man wird, was man ist", soll ein Set an Methoden bieten, die es uns ermöglichen, unser Leben flexibler, spielerischer und freudvoller zu meistern, indem wir uns Schritt für Schritt an uns selbst, an den Träumer, erinnern. Auch hier halte ich mich an eine „traditionelle" Darstellungsart, derzufolge die nötigen Komponenten dieser inneren Arbeit als drei einander stützende und einander bedingende Segmente beschrieben werden. Diese drei „Arbeitsfelder" nenne ich Sicht, Meditation und Lebensführung. Sie sind gewissermaßen die drei Säulen des buddhistischen Trainings. Dieses Training wird seit 2500 Jahren in unterschiedlichstem kulturellen Setting praktiziert. Es handelt sich dabei nicht um ein erstarrtes Gefüge aus Dogmen und fixierten Ritualen, sondern um ein lebendiges System, das mit jeder Generation von Praktizierenden wächst und sich ihren jeweiligen Bedürfnissen anpasst.

Im abschließenden Teil, „Bodhisattva", will ich die Relevanz dieses Werkzeugkastens für unsere Zeit und unsere Kultur unterstreichen und aufzeigen, dass die Lehren des Buddha hier und heute aktuell und praktizierbar sind und darüber hinaus auch eine Antwort auf unser globales, soziales und ökologisches Desaster.

Für mich persönlich sind die Hinweise des Buddha das größte Geschenk, das ich überhaupt erhalten konnte, und mein Leben wurde ungeheuer reich dadurch. Vielleicht findest auch du den einen oder anderen hilfreichen Hinweis in der funkelnden Schatzkammer des Buddha, Methoden, die dir helfen, den Herausforderungen deines Lebens immer spielerischer zu begegnen.

> *„Um vom Zustand eines gewöhnlichen, sterblichen Lebewesens in den Zustand eines Buddha zu gelangen, muss man dem Einfluss des Karmas ein Ende setzen; das uns innewohnende Gewahrsein pflegen und annehmen, was das Leben bringt."*
>
> *Bodhidharma* [12]

Der Schrecken
der Situation

Vier Grundgedanken

Wie frei sind wir? Gibt es einen „freien Willen"? Die Frage nach unserer Autonomie ist eine zentrale Frage im abendländischen Denken. Seit Jahrhunderten ringen Generationen von Theologen, Philosophen, Psychologen, Künstlern und Biologen mit den Problemen, die sich aus der Frage nach freiem Willen und individueller Autonomie ergeben. Wie frei sind wir? Wo verlaufen die Grenzen unserer individuellen Entscheidungsfreiheit?

Wir erleben uns als mehr oder weniger autonome, unabhängige Wesen, die in der Lage sind, ihr Geschick selbst zu bestimmen. Diesem Erleben steht die erschütternde Tatsache unserer Endlichkeit gegenüber. Wie frei sind wir im Angesicht des Todes? Endlichkeit beschränkt sich nicht auf die Tatsache unseres sicheren biologischen Ablebens – sie ist der herausragende Geschmack unseres gesamten Erlebens. Auf allen Erfahrungsebenen sind wir ununterbrochen mit der Unbeständigkeit *aller* Erfahrung konfrontiert. Keine Empfindung, kein Gefühl, kein Gedanke hat einen beständigen Kern. Unser gesamtes Erfahrungsspektrum ruht stabil auf dem Fundament der Unbeständigkeit. Wir sind auf Sand gebaut.

Die Gefühle leben uns

Darüber hinaus scheinen wir auch dem Verlauf mentaler und emotionaler Abläufe gänzlich ausgeliefert zu sein. Gedanken und Emotionen erscheinen unwillkürlich im Feld unseres Bewusstseins, bewegen sich dort und lösen sich irgendwann wieder auf. Unser Selbstverständnis ruht bequem auf der Annahme, wir seien die Regisseure dieser „göttlichen Komödie", dieses tragikomischen Dramas unseres Seins.

Tatsächlich hält dieses Verständnis keiner gründlicheren Untersuchung stand. Zumeist sind wir den mentalen und emotionalen Ereignissen, die unsere Erfahrung des Seins begründen, absolut ausgeliefert. Ich habe mich beispielsweise *nie* dafür entschieden, eifersüchtig zu sein. Eifersucht macht keinen großen Spaß, im Gegenteil, sie fühlt sich mies an. Ich denke, niemand *will* eifersüchtig sein. Doch was passiert?

Ich gehe mit meiner Freundin auf eine Party. Wir trinken ein bisschen, tanzen, haben unseren Spaß und sind recht verliebt ineinander. Dann verschwindet sie kurz an die Bar, um sich ein neues Bier zu holen. Ich bleibe auf der Tanzfläche, tanze, trinke – alles gut. Irgendwann fällt mir auf, dass sie schon eine ganze Weile weg ist. Braucht recht lange, um sich ihr Bier zu holen. Ich schlendere in Richtung Bar und sehe sie dort mit irgendeinem Typen ins Gespräch vertieft. Sehr vertieft. Ich schlendere etwas näher, sie bemerkt mich nicht. Sie strahlt diesen Typen an, und die beiden stehen ziemlich dicht beieinander.

Plötzlich verspüre ich einen gewissen Druck in der Magengegend. Es gefällt mir irgendwie nicht, dass *meine* Freundin da so dicht mit diesem Typen beisammensteht und dass sie ihn so anstrahlt und dass sie mich nicht einmal wahrnimmt. Gut, vielleicht ein alter Freund von ihr, sie haben sich vielleicht lange nicht gesehen, haben sich vielleicht einfach ein bisschen was zu erzählen.

Ich bewege mich zurück auf die Tanzfläche. Sieht ziemlich gut aus der Typ ... Da ist immer noch dieser Druck in der Magengegend. Irgendwie war sie verstimmt heute Morgen! Und ziemlich aufgeregt beim Losfahren. Und als ich mal kurz beim Pinkeln war, hat sie telefoniert ... war irgendwie verlegen danach ... hat vielleicht mit *ihm* telefoniert ... Sie hat sich vielleicht verabredet ... vielleicht steht sie schon länger auf ihn ... Letzte Woche war sie allein feiern, ich war bei meinen Kindern ... wahrscheinlich hat sie ihn da kennengelernt!

Ich nehme kaum mehr wahr, was um mich herum geschieht. Vor mir tanzt ein hübsches Mädchen, lächelt mich an, berührt mich zufällig – ich bemerke sie kaum.

Dann sehe ich, wie meine Freundin Richtung Ausgang geht, der Typ ist weg. Sie wirft mir einen sonderbaren Blick zu und verschwindet durch die Tür. Ich hinterher, trample dem hübschen Girl auf den Fuß, entschuldige mich nicht, stolpere die Treppe hoch, nach draußen – da steht sie, *meine* Freundin, *allein* und raucht.

Ich geh zu ihr hin, will sie küssen, sie dreht sich weg und sagt: „Ganz süß, die Kleine!"

„Welche Kleine?"

„Na die, mit der du da getanzt hast!"

„Hab mit keiner getanzt. Aber ... wer ist denn dieser Typ!? Kennt ihr euch?"

„Nein. Der kam an und wollte mir unbedingt einen Tequila spendieren. Voll der komische Typ! Studiert BWL und behauptet, er hat ein Haus auf La Palma."

„Ein Haus auf La Palma! Und warum musst du dich so nah zu ihm hinstellen!?"

„Jetzt komm schon! Es ist ziemlich laut hier, ich hab kaum ein Wort verstanden von dem, was er mir erzählen wollte. Und du brauchst dich auch gar nicht aufzuregen! Hast die ganze Zeit mit der Kleinen getanzt!"

Und so fangen wir an zu streiten – wegen nichts, wegen Geschichten, die sich nur in unseren Köpfen abspielen. Kopfkino. Und vielleicht führt uns dieser Streit so weit, dass jeder erst einmal die Nase voll hat vom anderen, und auf einmal bemerke ich vielleicht doch das hübsche Mädchen, dem ich gerade auf den Fuß gestiegen bin, und fange an, mit ihr zu flirten, und meine Freundin lässt sich auf einen weiteren Tequila einladen und beginnt sich vielleicht für das Haus auf La Palma zu interessieren ...

Überall wo sich Menschen aufeinander beziehen, wo Menschen sich begegnen und in Beziehung gehen, weben sie gemeinsame Träume und Albträume. Emotionen und Stimmungen scheinen eine Art Feldcharakter zu haben, sie scheinen hochgradig ansteckend zu sein.

Wenn meine Partnerin traurig oder ärgerlich ist, dann geschieht es nur allzu leicht, dass auch ich plötzlich Trauer empfinde oder ärgerlich werde. Die Stimmung meines Gegenübers färbt meine eigene Stimmung, und die wirkt wiederum auf die Stimmung meines Gegenübers zurück – und schon stecken wir in einer Art emotionaler Feedbackschleife. Wenn es nicht mindestens einem von beiden gelingt, die Situation zu durchschauen und aus der Schleife auszusteigen, dann sitzen womöglich beide recht lange gefangen in einem gemeinsamen Traum oder Albtraum. Stundenlang, tagelang, jahrelang.

Irgendein äußeres Ereignis löst eine emotionale Reaktion in mir aus. Der Emotion folgt ein Gedanke, Gedanken verdichten sich zu einer Geschichte, die ihrerseits die Emotion verstärkt, die Geschichte wird weitergesponnen, die Emotion zementiert – und schließlich handle ich aus dieser Spannung zwischen Emotion und Gedankenfilm heraus, sage irgendetwas, tue irgendetwas, und diese Tat provoziert ihrerseits eine Reaktion meines Gegenübers, verursacht dort ein Gefühl, eine Geschichte, die eine verbale oder nonverbale Reaktion zur Folge hat. Oder aus einer Überlegung, aus einem mentalen Film wird ein Gefühl geboren, und aus diesem Gefühl heraus sage ich etwas oder agiere auf eine bestimmte Art und Weise. Mein Umfeld steigt ein in dieses Spiel – und schon zappeln wir im Netz unserer Geschichten und schnappen verzweifelt nach Luft.

Steuere ich einen derartigen Ablauf? Entscheide ich, wie ich emotional auf ein äußeres Ereignis reagiere und welche gedankliche Assoziationskette die Emotion auslöst? Wenn ich mich aufrichtig selbst beobachte, dann dämmert es mir vielleicht, dass sich emotionale und mentale Prozesse *automatisch* ereignen. Gemäß dem Zusammenwirken von Set (innere Disposition) und Setting (äußere Umstände) reagiere ich *automatisch*, gewohnheitsmäßig.

Äußere Ereignisse triggern emotionale und mentale Gewohnheitsmuster, verursachen entsprechende innere Ereignisse, die sich wiederum in meinen Handlungen äußern und in meiner Umwelt entsprechende Reaktionen auslösen. Dieser Vorgang vollzieht sich in der Regel absolut mechanisch, unbewusst und in einer unglaublichen Geschwindigkeit. „Ich" bin diesem Geschehen zumeist machtlos ausgeliefert.

Welche Reaktionsmuster ein äußeres Ereignis in mir auslösen wird, scheint von den „gewohnheitsmäßigen Tendenzen" abhängig zu sein, die sich aufgrund früherer Erfahrungen in mir gebildet und aufgrund vorangegangener Reaktionen in mir gefestigt haben. Mein Selbstbild und die Art und Weise, wie ich die Welt erlebe, ist zugleich Resultat und Ursache dieser Tendenzen, in steter, feinster Wechselwirkung. Meist identifiziere ich mich stark mit dieser *meiner* Art, mit *meinen* Gedanken, *meinen* Gefühlen und übersehe dabei, dass es sich hier um mechanische Abläufe handelt.

Das ist „der Schrecken der Situation" – wir sind dem äußeren und inneren Geschehen völlig ausgeliefert.

Den Schrecken auflösen

Das Ziel jeder „inneren Arbeit" ist es zunächst, derartige Abläufe zu erkennen und zu verstehen. Erst wo wir verstanden haben, dass wir völlig automatisch, unseren gewohnheitsmäßigen Tendenzen gemäß agieren und reagieren, und erst wo wir diese Mechanismen wirklich verstehen, können wir beginnen, unser Geschick selbst zu bestimmen. Wir müssen uns dem „Schrecken der Situation" stellen, unserer völligen Determiniertheit, dem absolut mechanischen Ablauf unserer emotionalen und mentalen Gewohnheitsmuster. Unser volles, wunderbares menschliches Potenzial kann nur dann zur Reife kommen, wenn wir sehr gründlich verstehen, was solch ein Reifen verhindert und wie stark wir in unzureichenden Selbstbildern und mechanischen Gewohnheitsmustern gefangen sind.

Innere Arbeit, spirituelle Praxis beginnt dort, wo wir mit unseren Identifikationen und unseren gewohnheitsmäßigen Tendenzen vertraut werden. Um auf dem „inneren Weg" irgendwohin zu gelangen, benötigen wir ein sehr gründliches Verständnis all der Prozesse, die sich in uns vollziehen. In jeder ernsthaften spirituellen Tradition beginnt die innere Arbeit mit dieser „Schattenarbeit". Ohne sie, ohne ein lebendiges Wissen um all die gewohnheitsmäßigen Automatismen fehlt uns jedes Fundament für ein tatsächliches inneres Arbeiten und Reifen.

Ein Werkzeug, das uns helfen kann, diesen Teil der Arbeit zu tun, stellt uns der tibetische Buddhismus in Form der „vier

Grundgedanken" zur Verfügung. Diese vier Grundgedanken beziehen sich auf:

1. Die kostbaren Umstände, die uns zur Verfügung stehen.
2. Die Endlichkeit und die Instabilität der Phänomene.
3. Die Gewohnheitsmuster.
4. Die Verstrickung in leidvolle Abläufe.

Bei diesen Grundgedanken handelt es sich nicht eigentlich um Gedanken, nicht um konzeptuelle Konstrukte oder philosophische Ideen. Vielmehr werden wir durch sie zu einer tief und tiefer gehenden Analyse unserer „fundamentalen Situation" angehalten. Sie sind gewissermaßen analytische Meditationen, die uns ein bestimmtes Verständnis erschließen und uns für eine umfassende Transformationsarbeit präparieren können.

Wir nähern uns gedanklich einem Thema, etwa der Vergänglichkeit, kreisen das Thema ein, betreiben eine Art Brainstorming – bleiben dabei jedoch möglichst konkret, ohne uns zu sehr in abstrakten Allgemeinposten zu ergehen, und dann spüren wir in das Thema hinein, achten darauf, wie es sich tatsächlich anfühlt und was es in uns auslöst.

Meditieren wir über diese vier Grundgedanken, dann geht es nicht darum, sich an eine starre, vorgegebene Schablone zu halten, sondern im Gegenteil ist es sehr wichtig, einen klaren, lebendigen Bezug zu unserer eigenen aktuellen Lebenserfahrung herzustellen. Jeder muss diese Gedanken selbst denken, jeder muss auf seine Art darüber meditieren.

Setzen wir uns derart zum Beispiel mit Vergänglichkeit auseinander, dann denken wir an ganz konkrete, möglichst aktuelle Erfahrungen von Vergänglichkeit in unserem Leben. An einen uns kostbaren Gegenstand, der kürzlich kaputt- oder verloren ging, an eine Freundschaft oder Beziehung, die sich verändert, oder wir beobachten aufmerksam eine scheinbar solide Emotion wie Wut und achten darauf, was mit dieser Emotion geschieht, während wir sie beobachten. Ändert sie sich im Licht unserer Aufmerksamkeit? Was ist mit der Wut passiert, die uns gestern den halben Nachmittag fesselte? Wo ist das Glück, das uns letzte Woche tanzen ließ?

Analytische Meditation ist ein gedankliches Umkreisen eines bestimmten Themas. Aber wir belassen es nicht dabei, über ein Thema nachzudenken, sondern wir gehen über den rein intellektuellen Vorgang bloßen Denkens hinaus, indem wir darauf achten, was ein Thema emotional in uns auslöst. Wie fühlt es sich an? Was macht es mit mir? In einem derartigen Wechselspiel aus Nachdenken und Hineinspüren ergründen wir Zusammenhänge immer tiefer, auf eine assoziative, intuitive Weise, ohne uns von unseren Assoziationen ganz von einem vorher von uns bestimmten Gegenstand der Betrachtung forttragen zu lassen.

Mein Lehrer Ringu Tulku Rinpoche sagte einmal: „Tiefgründiger und von grundlegenderer Bedeutung als die ‚Hauptpraxis‘ ist die Meditation über die ‚vier Grundgedanken‘.“

Wenn es uns gelingt, diese vier Kontemplationsbereiche nicht als eine Art metaphysische Spekulation zu sehen, sondern wenn wir mit ihrer Hilfe wirklich ein gründliches Verständnis innerer Prozesse und Tatsachen erlangen, dann sind sie ein kraftvolles Werkzeug, mit dessen Hilfe wir in der Lage sind, ein stabiles Fundament für innere Arbeit, für all unsere spirituellen Bemühungen zu legen.

Wenn du ganz klar verstehst: Ich habe ein außergewöhnliches Potenzial, und die Umstände sind günstig, um dieses Potenzial auch zu entfalten; alle Phänomene sind grundsätzlich instabil, auch günstige Umstände währen nicht ewig; wenn ich jetzt diese Umstände nicht nutze, wird mich die Kraft meiner emotionalen Muster und Gewohnheiten wieder und wieder in leidvolle, enttäuschende Erfahrungsräume führen – wenn du das wirklich verinnerlicht hast, dann bleibt nur ein Ausweg: Du musst damit anfangen, an dir zu arbeiten!

Während eines Retreats in Sikkim meditierte ich drei Wochen lang zehn Stunden täglich über diese vier Themen. Danach ging ich zu meinem Guru und wollte Mönch werden. Er sagte: „It's not necessary to become a monk. Maybe it's not good to become a monk! You have to practice in your daily life!"

Ich trage also keine Mönchsrobe – aber das Erinnern der Einzigartigkeit und Fülle meines Seins, seiner Endlichkeit, meiner Selbstverantwortlichkeit und der Art und Weise, wie ich mich in Leid verstricke, das Erinnern dieser vier Punkte hilft mir, mich immer wieder zurechtzurücken, meinen Blick zu schärfen und die Welt realistischer zu sehen.

Warum solltest du Zeit und Kraft in spirituelle Praxis investieren? Die „vier Grundgedanken" werden dir helfen, das zu klären. Deine Lebensumstände werden dir nicht immer ideal erscheinen, und es liegt nicht immer in deiner Macht, die Gegebenheiten zu optimieren. Aber du kannst dich ändern, kannst dich anpassen und kannst eine friedlichere, reibungslosere Perspektive einnehmen.

Glück und Zufriedenheit sind kein Zufall, sondern es liegt in unserer Hand, wie wir auf die Gegebenheiten reagieren. „Innere Arbeit" ist kein Luxus, sondern ein Weg, der jedem von uns offen steht und der jeden von uns in ein erfüllteres Leben führen kann. Die „vier Grundgedanken" sind eine Möglichkeit, dich auf diese Arbeit vorzubereiten und dich für diese Arbeit geschmeidig zu halten.

Erster Grundgedanke: Eine kostbare Gelegenheit

> *„Mit Hilfe des menschlichen Bootes befreie dich vom großen Strom des Leidens. Dieses Boot wird später schwer zu finden sein, Dummkopf, schlaf nicht ein, solange noch Zeit ist. [...] Setz dich aufs Pferd des reinen Menschenkörpers und entfliehe dem bedrohlichen Engpass des samsarischen Leidens. [...] Unser Menschenkörper ist dazu da, benutzt zu werden, für sonst nichts."*
>
> *Mahakarunapundarika Sutra* [13]

In unserem Sonnensystem konnte sich nur auf der Erde Leben, wie wir es kennen, entwickeln. Die Venus ist der Sonne zu nahe, der Mars ist zu weit weg. Die Erde kreist zufällig genau im richtigen Abstand um unser Zentralgestirn.

Eine lange Kette von Unwahrscheinlichkeiten führte dazu, dass sich auf unserem kleinen blauen Planeten Leben entfalten konnte. Eine weitere unglaubliche Verkettung von Zufällen brachte nach langer, langer Zeit schließlich Organismen hervor, einfache, wahrnehmungsfähige, empfindungsbegabte Wesen, und weitere Millionen Jahre vergingen, bis erste menschenähnliche Primaten aus weisen, wachen Augen die Sonne betrachten konnten. Die Entstehung bewusster Wesen ist abhängig von einer derartigen Vielzahl spezieller Bedingungen, dass es schlichtweg ein Wunder ist, dass es bewusste Wesen gibt. Es ist ein Wunder, dass wir existieren!

Ähnlich im Persönlichen. Ich verdanke meine Existenz ebenfalls einer unglaublichen Verkettung unwahrscheinlichster Ereignisse. Mein Vater wurde als Kind schlesischer Flüchtlinge im Münsterland geboren. Getrieben von einem sonderbaren Fernweh zog er als Fünfzehnjähriger in die Welt hinaus, um als Schiffsjunge anzuheuern und irgendwann Kapitän zu werden. Man schickte ihn wieder nach Hause, aber es hielt ihn gerade zwei Jahre, da verpflichtete er sich in Kiel bei der Kriegsmarine, um endlich zur See zu fahren. Er hatte mittlerweile erfahren, dass er farbenblind war, untauglich für eine Kapitänslaufbahn.

Bevor sie ihn auf ein Schiff ließen, schickten sie ihn erst einmal ins grüne, schöne Allgäu, vom äußersten Norden der Republik in den äußersten Süden zur Grundausbildung in eine

ehemalige SS-Ordenskaserne. Und da traf der junge Offiziers-
anwärter meine spätere Mutter.

Ein erstes Rendezvous fiel buchstäblich ins Wasser. Es reg-
nete. Der junge Offizier hatte keine Lust, rauszugehen – meine
spätere Mutter spazierte eine Stunde lang in ihrem gelben Re-
genmantel vor der Kaserne auf und ab und ging enttäuscht wieder nach Hause. So enttäuscht war sie, dass ihre älteren, pazifistischen Brüder sie schließlich überreden mussten, dem jungen
„preußischen" Soldaten eine zweite Chance zu geben.

Die zwei verliebten sich, begehrten sich, wurden ein Paar,
und meine Mutter wurde schwanger. Sie hatte einen Abgang.
Nun war ihre ganze Familie bei einer alten Homöopathin in
Behandlung, weil der jüngste ihrer Brüder seit seiner Geburt
an einer sonderbaren, als Autismus diagnostizierten Anomali-
tät litt. Diese alte, weise Ärztin riet meiner Mutter, sich nicht
wie üblich in eine Klinik zu begeben, um dort den toten Fötus
ausschaben zu lassen, sondern sie gab ihr ein paar Globuli, und
siehe da: Es hatte sich bereits eine weitere Zygote in der Ge-
bärmutter meiner Mutter eingenistet. Fast wäre dieses Wesen
aus Versehen mit ausgeschabt worden. Nun wuchs es heran und
kam schließlich eineinhalb Monate zu früh zur Welt, unterent-
wickelt, mit Leistenbruch und Gelbsucht. Es wurde direkt in
einen Kasten aus Fiberglas gesteckt und in eine andere Klinik
verfrachtet. Sie gaben ihm den Namen „Michael Feike".

Schon dass meine beiden Opas den Zweiten Weltkrieg über-
lebten, ist ein Wunder. Ein Wunder, dass meine Eltern sich begegneten. Ein Wunder, dass ich Schwangerschaft und Geburt

überlebte – ein Wunder, dass es mich gibt. Und wie selbstverständlich ist es, dass es dich gibt?

Leben im Überfluss

Ich hatte zudem Glück. Ich wurde nicht in einem Slum in Neu-Delhi geboren. Meine Eltern waren keine traumatisierten, rechtsradikalen Alkoholiker. Ich bin nicht Contergangeschädigt, habe keinen Buckel und keine Mutation auf Gen 21. Ich bin gesund, mein Gehirn funktioniert, und ich lebe in einem Land, in dem es eine Schul- und eine Krankenversicherungspflicht gibt, und hatte immer genug zu essen.

Um meinen Lebensunterhalt zu bestreiten, musste ich noch nie mehr als drei Tage in der Woche arbeiten gehen. Gut, mein Lebensstandard ist wahrscheinlich der eines einfachen Mittelständlers in Bangladesch – aber der kann ganz bestimmt nicht in drei Wochentagen die Brötchen für seine Familie erarbeiten, hat keinen Siebenstundentag, keine Rentenversicherung, keine flexible Arbeitszeit ... Und er teilt sich seine Wohnung mit Schwägerin und Bruder, seinen drei Neffen, seiner Frau und seinen vier eigenen Kindern. Er wird sein Land niemals verlassen, wird niemals im Louvre Bilder bestaunen und wird nie in Venedig Gondel fahren.

Wir sind unerhört wohlhabend! In Wien wird jeden Tag so viel Brot verbrannt, wie in Graz verkauft wird. Die Traktoren unserer Bauern sind klimatisierte, GPS-gesteuerte Hi-Tech-Maschinen mit Bosse-Soundsystem und Ledersessel. Ein Fernseher gehört zu unseren Grundrechten und darf nicht gepfändet werden. In unseren Supermärkten gibt es jedes Produkt in fünf- bis zehnfacher Ausführung. Aus aller Welt strömen die Armen und Ärmsten herbei, Kriegsgeschädigte, Entwurzelte und Missbrauchte, um auf unserer Insel der Glückseligkeit ein paar Krümel von der Glückstorte abzubekommen.

Meine Eltern schickten mich auf eine Waldorfschule und gaben einen fünfstelligen Betrag für meine Schulbildung aus. Ich las mit vierzehn Buddha, Schiller, Hesse und Marx und versuchte mich als Fünfzehnjähriger an einem ersten Roman. Als ich die Schule nach zwölf Jahren ohne einen staatlichen Abschluss verließ, hatte ich dabei Segen und Vertrauen meiner Eltern und durfte damit beginnen, mein Leben ganz nach meinen eigenen Vorstellungen zu gestalten.

Also entschied ich mich, den Wehrdienst total zu verweigern, und gnädigerweise ließ man meine Akte unter einem schweren, alten Bundeswehrschreibtisch verschwinden, anstatt mich in ein Gefängnis zu stecken (zu dieser Zeit standen bis zu sechs Jahre Haftstrafe auf Totalverweigerung). Dafür arbeitete ich freiwillig ein Jahr lang auf einem biologisch-dynamischen Bauernhof und später als Pflegehelfer in einem anthroposophischen Seniorenheim.

Ich habe *alle* Möglichkeiten!

Mein Bruder ging ebenfalls ohne jeden Abschluss von der Schule. Mit seinen damals fünfzehn Jahren organisierte er sich ganz in Eigenregie eine Lehrstelle als Landmaschinenmechaniker. Nebenbei lernte er dort Spenglerei und Heizungsbau, und mit seinem Gesellenbrief in der Tasche bewarb er sich erfolgreich in einer großen Werkstatt für Unimogs, arbeitete zwei Jahre dort, machte seinen Techniker und steht nun kurz vor seinem Diplom für Luft- und Raumfahrttechnik an der FH.

Wir haben *alle* Möglichkeiten!

Warum denn kostbar?

> *„Mensch zu werden ist schwierig. Ein Menschenleben zu erhalten ist schwierig. Wahres Dharma zu erhalten ist schwierig. Das Erscheinen von Buddhas ist schwierig."*
>
> *Bodhisattvapitaka* [14]

Gut, aller Unwahrscheinlichkeit zum Trotz existiere ich, bin gesund, versorgt und Herr meiner Sinne. Aber ich werde sterben. Der ganze Luxus meiner Existenz ist vorübergehend. Darüber hinaus werde ich vom Sturm meiner Gedanken und Gefühle häufig umhergetrieben wie ein Stück Holz auf hoher See und handle fortwährend auf eine Weise, die die Fundamente meiner luxuriösen Existenz unterspült.

> *„Die Freiheiten und Reichtümer sind äußerst schwer zu erlangen. Menschen können damit alle Ziele erreichen."*
>
> *Bodhicharyavatara* [15]

Unser Menschsein birgt ein ungeheures Potenzial. Wir tragen das Juwel der Buddhanatur in uns. Und im Gegensatz zu anderen bewussten Lebensformen sind wir in der seltenen Lage, dieses sagenhafte Potenzial zur vollen Entfaltung bringen zu können.

„Freiheiten und Reichtümer", das weist zuerst auf die Tatsache unseres spezifisch menschlichen Daseins hin. Als Menschen haben wir die Fähigkeit zur Reflexion und Selbstreflexion. Nach allem, was wir beobachten und schließen können, ist diese Fähigkeit in der uns bekannten Welt sonst nur ein paar wenigen hohen Primaten und Delfinen zu eigen, und diese verfügen über diese Möglichkeit der Betrachtung und Selbstbetrachtung nur sehr rudimentär und ansatzweise.

Die Freiheit eines Tieres ist durch seine Artenzugehörigkeit begrenzt. Ein Löwe frisst Fleisch, ein Schaf frisst Gras, das Reh ist friedlich und scheu, der Tiger ein angriffslustiger Jäger. Gelingt es einem Marder irgendwie, in einen Hühnerstall einzubrechen, dann killt er im Blutrausch ein Huhn nach dem anderen – nicht aus Boshaftigkeit, sondern weil es seiner Natur entspricht.

Als Menschen haben wir potenziell eine ungeheure Wahlmöglichkeit. „Freiheiten und Reichtümer" meint, innerlich wie äußerlich so aufgestellt zu sein, dass wir tatsächlich die Möglichkeit haben zu wählen, dass wirklich alle Voraussetzungen beisammen sind, die wir brauchen, um unser ganzes Potenzial voll auszuschöpfen, um unser Buddhasein voll zu entfalten und erblühen zu lassen, um uns schließlich gänzlich von unserer Determiniertheit, Begrenzung, Leidverstrickung zu befreien.

„Eine kostbare menschliche Existenz" meint hier eine Existenz, in der wir die Möglichkeit haben, das nötige Verständnis, die nötige Bereitschaft und die nötigen äußeren Umstände, einen spirituellen Entwicklungsprozess, einen ganzheitlichen Integrationsprozess zu durchlaufen und glücklich zu sein. Das heißt nicht, dass eine Existenz ohne diese Möglichkeit wertlos wäre, alles Leben ist wertvoll. Aber es liegt eine gewisse Tragik darin, wenn wir unser Leben durchleiden, als sei es eine Strafe, verstrickt in mechanische Abläufe, verloren in einem Gefühl von Enge und Raumnot, obwohl wir auch glücklich und gesund sein könnten.

Die Lehren des Buddha weisen einen Weg zur völligen Integration und Gesundung. Sie sind als ein Set von Methoden definiert, die uns aus dem Sumpf unermüdlich repetierten Leidens herausholen können.

Über diese „Freiheiten und Reichtümer" zu verfügen ist sozusagen der Gipfel aller Unwahrscheinlichkeit. Ein klassisches Beispiel aus den buddhistischen Schriften verdeutlicht es folgendermaßen: Dass ein Mensch diese Freiheiten und Reichtümer vollständig zur Verfügung hat, geschieht so oft, wie es geschieht, dass eine Meeresschildkröte, die letzte einer Art, die alle hundert Jahre einmal auftaucht, um Luft zu holen, dass diese Schildkröte beim Auftauchen ihren Kopf durch einen Ring steckt, der frei über die Weltmeere treibt.

Gerade jetzt, in diesem Moment, liest du ein Buch über innere Arbeit. Dein Interesse ist bereits ein erster Schritt in die Selbstverantwortung, sprich: Du hast in diesem gegenwärtigen

Augenblick das ganze Set an förderlichen Bedingungen vollständig zur Verfügung!

Nun können wir natürlich tun und lassen, was wir wollen. Wir können von einer Party zur nächsten ziehen, können einen Haufen Geld verdienen und uns ein Haus auf Teneriffa, eins in den Alpen und eins in Berlin Mitte kaufen. Verspielen wir jedoch dieses unwahrscheinliche Zusammenkommen von günstigen Bedingungen, dann gleichen wir – ein weiteres klassisches Beispiel – dem Kaufmann, der auf einer Juweleninsel strandet und sie als armer Mann wieder verlässt, ohne auch nur ein einziges Juwel mitzunehmen.

Mir persönlich erscheint ein Leben, in dem wir uns nicht um die Klärung der großen Frage von Leben und Tod bemühen, ein Leben, das beschränkt auf die Jagd nach Befriedigung unserer momentanen Bedürfnisse ist, unserem Menschsein nicht gerecht zu werden. Unsere menschlichen Möglichkeiten sind immens. Ein Leben, das sich nur an der Peripherie bewegt, ohne Bezug zum Zentrum, der einfachen, wachen Bewusstheit, scheint mir vergeudet und sinnfrei.

Was macht nun unser ohnehin so unglaublich unwahrscheinliches Menschsein zu einem „kostbaren" Menschsein? Es ist das Wissen um das uns innewohnende Potenzial und der Wille, dieses Potenzial voll zu entfalten. Das Wissen um unser tatsächliches, ganzes Buddhapotenzial und die Methoden, die uns befähigen, dieses Potenzial zu manifestieren, werden „Dharma" genannt.

Dharma ist ein Sanskritwort und bezeichnet

1. das dem Sein zugrunde liegende Gesetz,
2. das Wissen um dieses Gesetz,
3. eine Lebensführung, die diesem Gesetz entspricht.

Sind wir ein Mensch und haben Kenntnis von Dharma, Vertrauen in Dharma und die Motivation, Dharma zu praktizieren, und leben wir überdies in Umständen, die diese Praxis tatsächlich ermöglichen, steht uns das vollständige Set günstiger Bedingungen zur Verfügung.

Wenn wir über das „kostbare menschliche Leben" meditieren, dann geht es darum, Wertschätzung für unser Leben zu entwickeln. Oft genug fokussieren wir uns auf alles, was uns zu fehlen scheint oder was uns zu viel ist. In dieser Übung blicken wir voller Wertschätzung und Dankbarkeit auf das, was wir haben.

Mein Leben ist ein einziger Glücksfall! Ein Jahr, nachdem mir Lama Tanpei seinen Segen erteilte, saß ich erneut zu Füßen eines tibetischen Mönches herum und beschloss, spontan Zuflucht zu nehmen zu Buddha, Dharma und Sangha, der spirituellen Gemeinschaft (siehe unten, „Zuflucht").

Neben mir saß mein gleichaltriger Schulfreund, und irgendwie schien er keinen rechten Sinn für die Bedeutung des Augenblicks zu haben. Während ich bemüht war, die tibetischen Worte nachzumurmeln, bewarf er mich mit den Reiskörnern, die der alte Geshe zuvor verteilt hatte. Seine Mutter schenkte mir danach einen Rosenkranz (eine Mala) aus gelben Glasperlen und gab mir mein erstes Mantra:

Om ma hung.

Buddhistisches Mantra

Nun war ich also Buddhist und bemühte mich mit meinem Rosenkranz in der Hand, zumindest einmal am Tag 108-mal „Om ma hung" zu sagen.

Vier Jahre später hatte ich das ein oder andere Buch über die Lehren des Buddha gelesen, fühlte mich als Kenner dieser Lehren, als langjähriger Schüler des Buddha. Also investierte ich meine paar Moneten und lauschte fünf Tage lang den Erläuterungen, die ein weiterer Gelugpa Geshe zu Nagajunas „Brief an einen König" gab.

In einem Buch des Dalai Lama fand ich endlich einen Hinweis auf eine Meditation, die mir in Eigenregie praktikabel erschien, und ich begann diese Meditation ziemlich regelmäßig zu üben. Bis heute übe ich diese wunderbare, einfache, kraftvolle Praxis namens „Tonglen", und ich werde sie dir weiter unten vorstellen.

Ein, zwei Jahre später folgte *das* große Ereignis: Seine Heiligkeit der 14. Dalai Lama kam nach Hamburg, um dort Belehrungen zu Lama Tsongkapas „Mittlerem Stufenweg" und eine Einweihung in die Praxis des Avalokiteshvaras, des tausendarmigen Bodhisattvas des Mitgefühls, zu geben. Also sah ich zu, dass ich irgendwie das nötige Kleingeld zusammenbekam, das hieß, Geburtstags- und Weihnachtsgeld sparen, Babysitten, keine Bücher, keine CDs und kein Cannabis kaufen ... Der große Tag kam näher und näher, und dann ruft mich eines Abends ein Freund an und fragt: „Hey, wolltest du nicht nach Hamburg zum Dalai Lama fahren?"

„Ja klar! Nächste Woche."

„Hm. Wird aber grad in der ARD übertragen. Dalai Lama in Hamburg."

Fuck! *Das* große Ereignis des Jahres, vielleicht meines Lebens! Und ich sitze hier herum, während sich zehntausend Leute in der Lüneburger Heide vor dem Dalai Lama verneigen. Große Verzweiflung! Ich fange an zu heulen, aus Wut über mich selbst und aus Enttäuschung.

Endlich packt mich mein Vater ins Auto, bringt mich nach München, setzt mich in den Nachtzug nach Hamburg, und los geht's. Kaum Geld dabei, keine Ahnung, wo ich da pennen und was ich da essen soll. Egal. Ich komme total übermüdet in der erikaduftenden Heide an. Zwei Tage habe ich verpasst. Ich überlege nicht lange und buche dafür für mein letztes Geld noch zwei Tage dazu: die Avalokiteshvara-Einweihung.

Ein tosender Herbstorkan lässt das riesige Veranstaltungszelt stöhnen und ächzen. Ich mache meine Verbeugungen, setze mich hin und bin happy. Happy und ziemlich müde. Es wird ein fünftägiger Kampf gegen den Schlaf.

Am Abend steh ich in Regen und Sturm draußen und weiß

nicht recht, wo ich meine Isomatte für die Nacht ausrollen soll. Ich stell mich an die Straße und halte meinen Daumen in den Wind. Irgendwas wird schon passieren, irgendeinen Unterschlupf werde ich finden. Und es passiert was: Es hält ein dicker Jeep, hinterm Steuer sitzt eine herzliche Amerikanerin, mindestens doppelt so alt wie ich, und winkt mich rein. Sie hat sich auf einem Campingplatz einige Kilometer weiter einquartiert, mit Kind und Ehemann. Sie verhandelt mit dem Campingplatzbesitzer, und dann zahlt sie mir für eine Woche die Unterbringung im Matratzenlager über den Sanitäreinrichtungen. Morgens lädt sie mich zum Frühstück ein, kauft mir Essen im Supermarkt und Essensmarken für die Veranstaltung, und sie nimmt mich jeden Morgen in ihrem Jeep mit hin und abends wieder zurück zum Campingplatz.

Ich erhalte die Einweihung in die Meditation auf den großen, mitfühlenden Bodhisattva und lege das Versprechen ab, *zum Wohle aller Wesen aufzuwachen.*

> *„Und er kam zu seinen Jüngern und fand sie schlafend und sprach: Könnet ihr denn nicht eine Stunde mit mir wachen?"*
>
> Matthäus 26, 40

Das Leben ist kostbar! Total abgefahren, dass wir existieren, dass wir wissen, dass wir existieren, und dass wir wissen, dass wir wissen ... Huu! Wir sind schlafende Buddhas! Darum: Schluss mit Rumgetue. Wir können aufwachen. Jetzt!

Es kann doch nicht darum gehen, dass man uns irgendwann ein Mausoleum über unsere Knochen baut! Und auch nicht darum, dass unsere Kinder verblöden, weil sie ihren Arsch nicht von ihrem dicken Erbe hochkriegen. Wir sollten jetzt die „große Frage" klären, sonst wird es uns ergehen wie der Waldorflehrerin im Pflegeheim: „Buddhanatur? Hoi – was isch des!?" Die Frage lautet: Wollen wir Buddhas werden oder Kompost?

Wir werden sterben! Egal was wir tun, in ein paar hundert Jahren wird sich kein Arsch an unseren Namen erinnern. Also: Buddhas oder Kompost?

Übungsvorschlag zum ersten Grundgedanken

Sitze aufrecht und entspannt. Richte deine Aufmerksamkeit auf deinen Atem. Atme ein paar Mal ein und aus und komm zur Ruhe. Dann denke Folgendes und lass zwischendurch das Gedachte auf dich wirken:

Mein Leben ist einzigartig und kostbar.

(Erinnere dich an freudvolle, inspirierende Ereignisse, die du in der nahen Vergangenheit erleben durftest.)

Ich habe das volle Potenzial, mich aus der Verstrickung in alte Denkmuster, enttäuschende emotionale Abläufe und ungeschickte Gewohnheiten zu lösen und mein Leben als offenen Raum der Freude zu erfahren.

Ich will jetzt die Gelegenheit nutzen und damit beginnen, mein Leben liebevoller, leichter und fröhlicher zu leben.

Verweile ein paar Minuten entspannt in dieser Stimmung.

Zweiter Grundgedanke: Du wirst sterben!

„Wohlan denn, Herz, nimm Abschied und gesunde."

Hermann Hesse, Stufen

„Das Leben ist vergänglich –
so denken wir, wenn wir den Rauch
vom Berg Toribe aufsteigen sehen.
Doch erkennen wir auch,
dass uns das gleiche Schicksal blüht?"

Ikkyû Sôjun [16]

Der Tod, ach, dieser Tod ...

Die Menschen drängen sich in der kleinen Barockkirche. Familie, Verwandte, Freunde, Kollegen. Sie stehen bis draußen. Statt einer Predigt lese ich Hermann Hesses Gedicht „Stufen".

„Wohlan denn, Herz, nimm Abschied und gesunde!"

Eine befreundete Sängerin aus der Ukraine singt eine altrussische Totenliturgie. Die Trauergesellschaft versammelt sich um die Aussegnungshalle. Meine drei Brüder und ich tragen den einfachen Fichtensarg ans Grab hinunter. Der Sarg ist leicht. Mein Vater wog nicht mehr viel, als er starb.

Die Vögel jubilieren, und die Sonne scheint. Bienen summen in der Birke über dem offenen Grab. Ein warmer, jubelnder Frühlingstag. Das blühende Leben.

Mein Vater starb mit 49. An Krebs. Dieser Krebs war Teil seines Lebens. Seine Mutter verstarb kurz nach seiner Geburt daran, sein älterer Bruder etwa mit 35, weil Chemotherapie und Strahlenbehandlung seinen Körper derart ruiniert hatten, dass keine weitere Operation mehr möglich war. Bereits als jungem Mann hatten Ärzte meinem Vater Schilddrüse und Nebenniere entfernt. Immer wieder folgten Operationen, bis schließlich Metastasen in Lunge und Leber diagnostiziert wurden. Ein Dreivierteljahr nach dieser Diagnose starb er und ließ meine Mutter mit sechs halbwüchsigen Kindern zurück.

Er hatte sich mit aller verbliebenen Macht an sein entweichendes Leben geklammert. Erst zwei Wochen vor seinem Tod war es ihm möglich, sich zu entspannen, Krankheit und Sterben anzunehmen und seine Verantwortung für uns loszulassen.

Mein Vater starb zu Hause, umgeben von Frau und Kindern. Sie sangen während seiner letzten Atemzüge. Während meine Mutter und meine Schwester den Leichnam wuschen und in Weiß kleideten, las ich das Johannesevangelium. Bald war der Raum voller Blumen und neben ihrem Duft der durchdringende Gestank der Verwesung. Bereits nach einem Tag erschienen dunkle Flecken auf der wächsernen Haut.

Einen Tag nach seinem Tod ging meine Mutter mit dem Totengräber auf den Friedhof, um ein Grab auszuwählen.

Totengräber: „I hab gesehn, Sie ham an Haufen Kinder im mopedfähigen Alter; wollns net lieber a Familiengrab nehmen?"

Meine Mutter: „Na ja, wir sind zu acht. Vater, Mutter und sechs Kinder. Die passen wohl gar nicht alle ins Familiengrab."

Totengräber: „Ah, da verheitz i a paar, die druck i da scho au no nei!"

Ein kleiner Junge, der durchs bunte Herbstlaub springt. Eine junge Mutter, fast noch ein Mädchen, die ihm auf die Schaukel hilft. Ich filme die beiden. Meine jüngste Schwester und ihren Sohn. Die Diagnose meiner Schwester ist noch verheerender als die meines Vaters acht Monate vor seinem Tod. Krebsmetastasen wuchern in ihren lebenswichtigen Organen.

Nachdem der Arzt meiner Schwester diese Diagnose mitgeteilt hatte, rief sie meine Mutter an und sagte: „Du, Mama, ich hab eine gute und eine schlechte Nachricht. Die gute: Ich muss nicht operiert werden! Die schlechte: Man kann mich gar nicht mehr operieren."

Der Arzt sagte ihr auch, dass ihr Sohn, mein kleiner, blondlockiger Neffe, die Genmutation geerbt hätte, die die Ursache ihrer tödlichen Krankheit ist, Ursache für den Tod ihres Vaters, ihres Onkels und ihrer Großmutter. Vier meiner fünf Geschwister haben diese Genmutation geerbt. Alle haben sie bereits diverse Operationen hinter sich. Ich weiß nicht, wie viele Tage und Wochen meine Mutter bereits in Krankenhäusern verbrachte.

Zweieinhalb Jahre später: Meine kleine Schwester hat damit begonnen, Tiermedizin zu studieren. Ringu Tulku Rinpoche sagte zu ihr: „Ob wir nun krank sind oder gesund – wir werden sterben! Aber wir können einfach nicht wissen, *wann* es geschehen wird."

„Hast du schon gesehen, dass [...] unter denen,
die geboren wurden, einige nicht gestorben sind?
Oder davon gehört? Zweifelst du immer noch?"

Asvaghosa [17]

Ich habe gehört, dass etwa alle ein bis zwei Sekunden ein Mensch auf dieser Erde verhungert – eins, zwei, drei, vier, fünf.

Etwa fünf Menschen starben in der Zeit an Unterernährung, die du brauchtest, um den letzten Satz zu lesen.

Und Menschen sterben nicht nur an Hunger. Wir sterben an Herz-Kreislauf-Versagen, Krebs und Malaria, an den Folgen von Alkohol-, Nikotin- und Drogenkonsum, in Kriegen, im Straßenverkehr, wir sterben in Kliniken und in unseren Schlafzimmern. Eine Bekannte von mir starb in ihrer Küche. Sie stürzte, verletzte sich und wurde drei Tage später tot aufgefunden. Sie war um die Fünfzig und völlig gesund.

„Vom Tag eurer Geburt an geht ihr auf den Tod zu, Volk
von Tingri, vergesst nicht, ihr habt keine Zeit zu verlieren."

Padampa Sangye [18]

Wir werden sterben! Wir wissen nicht, woran. Wir wissen nicht, wann. Und wir wissen nicht, was danach passiert.

Als mein Vater starb, stand ich der Tatsache seines Todes fassungslos gegenüber. Obwohl es absehbar war, dass er sterben würde, und obwohl ich ein Experte für Tod und Vergänglichkeit war, ein Philosoph der Endlichkeit. Mein Vater war plötzlich weg,

wie ersatzlos herausgeschnitten aus meiner Welt, unwiederbring-
lich. Ein schwer zu fassendes Faktum, ein schwarzes Riff für das
stolze Flaggschiff „Verstand". Der Tod, in seiner Tatsächlichkeit,
in seiner Endgültigkeit, lässt den Verstand scheitern.

Wir werden sterben. Du wirst sterben. Ich werde sterben.
Vielleicht heute, vielleicht morgen, vielleicht auf dem Weg in
die Arbeit ... Der älteste Bruder meiner Mutter starb Anfang
dreißig ganz plötzlich, kam eines schönen Tages vom Arbeiten
zurück, ließ sich in seinen Sessel fallen, rief nach seiner Frau:
„Marianne, Marianne!" und starb. Herzschlag.

Wir sind in einer nekrophoben Gesellschaft geboren und auf-
gewachsen. Tod ist tabu. Ein absoluter Großteil von Befrag-
ten wünscht sich, zu Hause zu sterben, im Kreise der Lieben.
Und die Realität: Der absolute Großteil stirbt in einem sterilen,
fremden Klinikraum, allein oder von Fremden umgeben.

In meinem Freundes- und Bekanntenkreis haben jedoch die
wenigsten einen Leichnam gesehen, gerochen, berührt ... und
gleichzeitig gab es noch nie so viel Tod und Sterben zu sehen –
in den Tagesnachrichten, in Filmen, Zeitungen und Magazinen.

Wir werden sterben. Wir alle wissen es und scheinen irgendwie dennoch nicht so recht daran zu glauben – dass wir vielleicht den nächsten Tag nicht erleben, dass *ich* vielleicht den
nächsten Tag nicht erlebe.

Jede Sekunde sterben durchschnittlich 1,7 Menschen. Jede
Sekunde stirbt eine Unzahl an Tieren; Säuger, Vögel, Reptili-
en, Insekten ... Die Erde ist ein gigantischer Friedhof. Über uns,

unter uns, um uns und in uns, da stirbt es, stirbt, stirbt ... Erde ist ein Zerfallsprodukt diverser Organismen und Mikroorganismen. Wir tanzen und werkeln und fressen und vögeln und furzen in einem gigantischen Schlachthaus, auf einem monströsen Friedhof.

Vergänglichkeit als Gesetz der Harmonie

> *„Vergänglichkeit ist ein Gesetz der Harmonie im Universum."*
>
> *Pema Chödrön* [19]

Auch unser Planet wird irgendwann sterben, und unsere Sonne wird irgendwann riesig werden, die Erde verschlingen, dann in einer Supernova explodieren und sich in einen Weißen Zwerg verwandeln.

Nichts ist stabil!

Jeder Gedanke hat ein Ende, jede Idee ist irgendwann vergessen, keine Emotion wird ewig gefühlt. Und wenn wir genauer hinsehen, dann verstehen wir vielleicht: Der Tod findet jetzt statt, nicht irgendwann später! Jetzt. Jetzt. Jetzt.

In jedem Moment sterben massenhaft Zellen in meinem Körper und werden durch neue, frische ersetzt. In etwa sieben Jahren erneuert sich mein Körper auf diese Art gänzlich. In sieben Jahren wird kein Krümel übrig sein vom alten Michael Feike.

Ich strample mich auf meinem Fahrrad einen langen, steilen Berg hinauf, gegen den starken Wind, im strömenden Regen. Ich bin bis auf die Haut durchnässt, meine Hände schmerzen vor Kälte – eine echt beschissene Situation und: Sie wird vorbeigehen.

Durchnässt und frierend gegen den Sturm diesen Berg hochzufahren bis in alle Ewigkeit – das wäre die Hölle. All unsere Höllen haben eines gemeinsam: Sie sind stabil. Eine Hölle, die irgendwann aufhört, ist keine richtige Hölle.

> „Werd ich zum Augenblicke sagen:
> Verweile doch! Du bist so schön!
> Dann magst du mich in Fesseln schlagen,
> dann will ich gern zugrunde gehn!"
>
> Johann Wolfgang Goethe (Fausts Worte)

Leben *ist* Veränderung. Ein andauernder Tanz, ein ständiger Übergang von einem Zustand in den nächsten. Überall dort, wo wir versuchen, etwas festzuhalten, sind wir verloren. Wir sind verloren, weil wir uns gegen den Strom des Lebens stellen. Der größte Teil unserer Probleme, Ängste und Sorgen ist eine Folge des irrigen Glaubens, irgendetwas sei auch nur einen Moment lang stabil.

Solange wir nicht wirklich und tief verstehen und akzeptieren können, dass sich *alles* ständig verändert, werden wir leiden. Wir werden leiden, weil wir ein falsches Bild, eine falsche Vorstellung haben und irrige Erwartungen hegen bezüglich der

Welt, der Ereignisse, Zustände, Gegebenheiten. Und aufgrund dieses fehlerhaften Bildes werden wir wieder und wieder enttäuscht sein, dass „die blöde Welt" nicht so ist, wie wir sie uns vorgestellt und gewünscht haben.

Nichts über und unter und in der Welt ist stabil.

> *„Das Ende allen Ansammelns ist Zerstreuung. Das Ende allen Aufbauens ist Zerfall. Das Ende jeden Zusammentreffens ist Trennung. Das Ende des Lebens ist der Tod. Ach, alles Zusammengesetzte ist vergänglich, alles hat das Wesen von Entstehen und Vergehen."*
>
> *Undanavarga*[20]

> *„Desgleichen Freundschaft und Feindschaft, Glück und Sorge, Gut und Böse, alle Gedanken, die durch euren Geist ziehen – alles verändert sich ständig."*
>
> *Patrul Rinpoche*[21]

Stell dir vor, alles würde sich jetzt stabilisieren. Alles würde genau so bleiben, wie es jetzt gerade ist. Dann hätten die Pech gehabt, denen gerade der Zahn wehtut. Pech für die, die gerade traurig sind, Pech für die, die gerade Hunger haben, Pech für die Babys mit voller Windel und für die stillenden Mütter. Pech für die, die gerade Schokopudding essen, und Pech für die Schüler, die Schulaufgaben schreiben ...

Sei mal ehrlich: Wie viele Augenblicke des heutigen Tages würdest du gern bis in alle Ewigkeit erleben?

Memento mori, „Gedenke des Todes!" Sich der Endlichkeit bewusst zu sein, das erspart eine Menge Ärger, Frust und Enttäuschung. Dass meine Teeschale irgendwann ein Scherbenhaufen sein wird, ist kein Ausnahmezustand, sondern Naturgesetz. Kein Grund, sich darüber aufzuregen.

Schönheit und Wertigkeit der Phänomene sind eng mit ihrer Endlichkeit verbunden. Immer wenn es mir gelingt, mir meiner Endlichkeit und der Unbeständigkeit aller Welt um mich herum bewusst zu sein, dann gewinnt der Augenblick an Wert, wird einzigartig und kostbar. Der Alltag zerfällt dann in wunderschöne, kostbare Augenblicke.

Eine weitere gute Nachricht: Wir brauchen keinen Masterplan! Wir müssen uns immer nur vorübergehend organisieren. Ich brauche kein Diplom für einen Job, den ich bis ans Ende der Tage machen werde. Ich brauche kein Haus, das tausend Jahre lang steht, und keine Pyramide, in der mein mumifizierter Leichnam die Zeit überdauert.

Ich kann, ich darf mich gewissermaßen immer nur von einem Tag auf den nächsten organisieren, von einem Jahr auf das nächste – vielleicht. Ich kann einfach nicht wissen, was morgen sein wird. Es gibt keine Garantie für morgen, egal wie gewissenhaft und detailliert ich auch plane – bestenfalls gibt's eine gewisse Wahrscheinlichkeit. Und es gibt keine beschissene, ausweglose Situation, die ewig dauert, in der wir für immer und ewig gefangen sind.

Dieses *Memento mori* entspannt uns und vertieft unsere Achtung vor dem Leben. Es trennt die Spreu vom Weizen, Wesentliches von Nichtigem und kann somit ein äußerst hilfreiches Werkzeug sein.

> *„Wenn du nur eine Dharmapraxis wählen kannst, dann wähle die Meditation über die Vergänglichkeit."*
>
> *Geshe Potawa*[22]

> *„Eines der besten Mittel, den Wunsch nach der Arbeit in sich selbst wachzurufen, ist die Einsicht, dass man jeden Augenblick sterben kann. Und man muss lernen, das nicht zu vergessen."*
>
> *Georges I. Gurdjieff*[23]

Solange wir glauben, wir hätten noch viel Zeit vor uns, werden wir leicht der Versuchung erliegen, unsere spirituelle Praxis auf morgen zu verschieben. Wenn ich mit der Schule, mit dem Studium fertig bin, wenn die Kinder groß sind, wenn ich in Rente gehe, dann werde ich mich irgendwann drum kümmern …

Wir werden immer etwas finden, das wichtiger und unterhaltsamer ist als die Morgenmeditation. Erst wenn wir uns wirklich darüber im Klaren sind, dass wir sterben werden und dass wir nicht wissen können, wann wir sterben werden, werden wir wirklich bereit für eine ernsthafte innere Arbeit sein, die nicht nur ein weiteres Hobby, eine weitere unbedeutende Freizeitbeschäftigung ist.

Geshe Kharak Gomchung, ein Kadampa-Meister im alten Tibet, zog sich in die Berge zurück, um zu meditieren. Er fand eine kleine, abgelegene Höhle. Beim Hineinschlüpfen zerkratzte er sich den rechten Arm an einem dornigen Busch, der so ziemlich den ganzen Eingang verdeckte. Er dachte sich: Hm, diesen Busch könnte ich eigentlich beseitigen, sonst werde ich mir morgen auch noch den linken Arm zerkratzen. Allerdings, wer sagt, dass ich diese Höhle je wieder verlassen werde? Vielleicht wird diese Nacht meine letzte sein. Ich sollte meine letzten Stunden nicht damit verbringen, einen Dornbusch zu roden, sondern ich sollte mich auf meine Praxis konzentrieren.

Am nächsten Morgen schlüpfte er hinaus aufs Klo und zerkratzte sich den linken Arm. Wieder überlegte er: Hm, schon wieder dieser Busch! Vielleicht sollte ich mich doch mal um ihn kümmern. Andererseits, wer weiß schon, ob ich diesen Tag überleben werde. Ich könnte meine Zeit schon sinnvoller nutzen als mit Holzfällerei.

Und so ging es einige Jahre, und als der Geshe schließlich irgendwann wieder seiner Wege zog, stand der Busch immer noch da.

> „Gründe deinen Geist auf den Dharma,
> gründe deinen Dharma auf ein einfaches Leben,
> gründe dein einfaches Leben auf den Gedanken an
>   den Tod,
> gründe deinen Tod auf eine leere, nackte Höhle."
>
> Vier Grundsätze der Kadampas[24]

Materie, Form, Wahrnehmung, Gedanken, Empfindungen, Gefühle wie Freude, Wut, Eifersucht – *alle* Phänomene sind durch und durch instabil. Freundschaft, Feindschaft, Luxus, Elend, Trauer und Glück: instabil.

Nichts bleibt auch nur für einen Moment durch und durch, was es war. Findest du etwas tatsächlich absolut Stabiles, dann schreib mir, und ich werde dich auf ein Bier einladen. Vergiss nicht: Auch du wirst sterben.

Übungsvorschlag zum zweiten Grundgedanken

Sitze aufrecht und entspannt. Richte deine Aufmerksamkeit auf deinen Atem. Atme ein paar Mal ein und aus und komm zur Ruhe. Dann denke Folgendes und lass zwischendurch das Gedachte auf dich wirken.

Ich werde sterben! Ich weiß weder wann noch woran, und ich weiß nicht, was danach geschieht, aber ich werde sterben!

(Lass diesen Gedanken wirklich zu und spüre hinein, wie es sich anfühlt, sterblich zu sein.)

Jeder Gedanke, jedes Gefühl, all meine Freude, all mein Leid, jede Erfahrung ist endlich. Kein Ereignis wird mich ewig beglücken oder enttäuschen.

(Erinnere dich an aufwühlende emotionale Erfahrungen der letzten Tage – Ärger, Eifersucht, starkes Verlangen; Begeisterung, Freude, Zuversicht. Wo sind diese Emotionen jetzt, in diesem Moment? Wo ist deine gestrige Wut, dein gestriges Glück?)

Kein Phänomen erscheint dauerhaft, alles verändert sich von Moment zu Moment.

Verweile ein paar Minuten entspannt in dieser Stimmung.

Dritter Grundgedanke: Karma – der Lauf der Dinge

„Aus Handlungen sind die vielfältigen Welten entstanden."

Abhidharmakosha [25]

Ringu Tulku Rinpoche sagte einmal: „Buddhas Lehren enthalten eine gute und eine schlechte Nachricht. Die gute ist: Nur ich selbst bin verantwortlich. Die schlechte: Nur ich selbst bin verantwortlich."

Karma ist ein Sanskritbegriff und bedeutet „Handlung". Die Karma-Lehren beschreiben den Kausalzusammenhang zwischen einer Handlung und deren Wirkung. Keine Handlung ist wirkungslos. Alles, was wir tun, ob geschickt oder ungeschickt, ob heilsam oder unheilsam, alles, selbst die geringste, unscheinbarste Tat, hinterlässt eine Spur und wirkt auf uns zurück.

Nach buddhistischem Verständnis handeln wir auf dreifacher Ebene, und zwar in Denken, Sprache und Tat. Wie jede Handlung bereits in unserem Denken beginnt und wie wir handelnd unsere Erfahrung der Welt manifestieren, wird gut durch eine kleine Geschichte illustriert, die Paul Watzlawick in seiner „Anleitung zum Unglücklichsein" notierte. Ich erzähle sie mal so nach, wie sie in meinem Leben stattfinden könnte: Ich will ein Bild von Milarepa, dem großen tibetischen Yogi und Dichter, an die Wand meines Zimmers hängen. Nun hat mein Sohn den Hammer verlegt, ich suche eine Weile, kann ihn jedoch nicht finden. Gut, halb so schlimm, ich werde mir einen Hammer vom Nachbarn leihen.

Dieser Nachbar. Vor einiger Zeit wollte ich mir seinen Rasenmäher borgen. Ja, ich durfte mit seinem Rasenmäher meine Wiese mähen, aber irgendwie hatte ich das Gefühl, dass er mir den Mäher nur ungern gab. Und gestern, da antwortete er nicht einmal auf mein „Guten Morgen". Er schien mich nicht einmal zu bemerken. Ich grüßte ihn freundlich – und er ignorierte mich einfach!

Eigentlich ist er in letzter Zeit überhaupt ziemlich unfreundlich. Ob er mir seinen Hammer leihen wird? Wahrscheinlich nicht! Dabei ist es doch nur ein Hammer, nicht mal sein heiliger Rasenmäher. Sollte doch eigentlich kein Problem sein, seinem Nachbarn einen Hammer zu leihen. Ich will ja gar nicht ständig was von ihm, und ich würde ihm jederzeit meinen Hammer geben! Schade, dass man sich unter Nachbarn nicht mal aushelfen kann! Nun, ich werde ihm halt auch nichts mehr leihen.

Da sehe ich durchs Fenster den Nachbarn, wie er sich an seinem blöden, heiligen Rasenmäher zu schaffen macht. Ich reiße das Fenster auf und brülle hinüber: „Schaffe, schaffe, Häusle baue, rasenmähen, rasenmähen! Behalt doch deinen scheiß Hammer! Spießer!"

Jede Handlung beginnt schon in unserem Denken und Fühlen. Denken ist bereits ein Handeln. Wie wir die Welt erleben, hängt maßgeblich davon ab, wie wir über sie denken.

Wenn ich mir wiederholt denke: „Mann, bin ich dick!", dann wird mein Spiegelbild mir immer dicker erscheinen. Ich werde mich mit zarten Models vergleichen und dann vielleicht irgendwann auf mein Frühstück verzichten, keine Gummibärchen mehr essen und Magermilch in meinen Kaffee schütten – ein Nashorn, das sich auf dem Laufband abmüht, den Blick auf das Bild eines Einhorns geheftet.

Dieselbe Situation wird von zwei Menschen ganz unterschiedlich erlebt. Jede Gegebenheit kann ganz unterschiedlich interpretiert werden, und wie ich eine Gegebenheit interpretiere, das hängt maßgeblich davon ab, wie ich innerlich aufgestellt bin, von meinem ureigenen Fühlen und Denken.

Unser Erleben der Welt ist in erster Linie dadurch geprägt, was wir über die Welt denken, und solange wir auf eine bestimmte Art denken, wird uns, egal wohin wir auch gehen, die gleiche Welt begegnen, die gleichen Menschen und eben auch die gleichen Probleme.

Ein Mann sitzt hinter der Kasse seiner kleinen Tankstelle am Stadtrand. Kommt ein Autofahrer herein, bezahlt und fragt: „Wie sind denn die Leute so in der Stadt?"

Fragt der Tankwart zurück: „Wie sind denn die Leute so, da, wo du herkommst?"

„Nun, da wo ich herkomme, sind die Leute unmöglich. Total egoistisch und nur mit sich selbst und ihren kleinen, spießigen Problemen beschäftigt."

Der Tankwart: „Hm, die Leute in dieser Stadt sind genauso. Alles dreht sich nur um ihre kleinen, spießigen Problemchen."

Nach einiger Zeit kommt ein anderer Mann herein und fragt: „Moin, moin. Wie sind eigentlich die Leute in der Stadt hier?"

„Wie sind sie denn da, wo du herkommst?"

„Du, da, wo ich herkomme, sind die Leute ziemlich cool, helfen einem, wo sie können, echt nette Leute!"

Sagt der Tankwart: „Hier genauso. Supernette, hilfsbereite Leute!"

Die zweite Ebene des Handelns ist die der Sprache. Sprechen wir einen Gedanken aus, dann entfaltet er bereits seine Wirksamkeit in der Welt. Oft unterschätzen wir die Macht von Worten. In einer Liebesbeziehung beispielsweise ist es nicht außergewöhnlich und nicht weiter verwerflich, diese Beziehung zuweilen in Frage zu stellen. Zweifelnde Gedanken sind kein Drama.

Spreche ich diese Zweifel aber aus, sage ich also zu meinem Partner: „Du, ich weiß nicht so recht, ob wir überhaupt zusammenpassen!", dann gebe ich dem Zweifel Macht und Gestalt. Einmal ausgesprochen wird er seine Wirkung haben, er wird eine emotionale Reaktion bei meinem Partner auslösen. Und es ist nicht möglich, das Gesagte ungesagt zu machen. Ich kann natürlich meinem Partner später erklären: „Hey, was ich da gesagt habe, das hab ich eigentlich nicht so gemeint. Das war nur so eine Stimmung."

Dennoch wird sich mein Partner daran erinnern, dass ich daran zweifle, ob wir wirklich zusammenpassen. Und in einer Situation, in der er vielleicht unsicher ist, sich ungeliebt fühlt, wird er an diese Worte denken und wird sagen: „Du bist dir ja eh nicht sicher, ob wir überhaupt zusammenpassen."

Jedes Wort, das wir aussprechen, hinterlässt seine Spur. Oft genug sprechen wir Dinge aus, die wir nicht einmal so meinen, wie wir sie sagen. Und dann wundern wir uns, dass das Gesagte eine Wirkung hat, etwas schafft, etwas zerstört und auf uns zurückwirkt.

Zu guter Letzt manifestiert sich das, was wir denken und sagen, in unseren Taten. Und durch unsere Taten wiederum gestalten wir die Welt, die uns begegnet. Der Buddha lehrte, dass *alles*, was mir widerfährt, eine Folge meines eigenen Denkens, Sprechens und Tuns ist. Die letztendliche Verantwortung für alles, was mir passiert, liegt allein bei mir.

Alle Ereignisse, die mir begegnen, begegnen mir so, weil ich den Ereignisraum durch entsprechendes Handeln gestaltet habe. Das heißt: Die Welt, die ich wahrnehme, entspricht mir zu 100 Prozent. Nicht nur irgendwie halb oder einigermaßen, sondern zu 100 Prozent.

Ich kann *nur diese* Welt erfahren, mit allem Drum und Dran, mit allem, was zu dieser Welt dazugehört, ob es mir nun gefällt oder nicht. Um eine andere Welt zu erfahren, müsste ich ein anderer sein.

> *„Achte auf deine Gedanken, denn sie werden zu Worten.*
> *Achte auf deine Worte, denn sie werden zu Handlungen.*
> *Achte auf deine Handlungen, denn sie werden zu*
>   *Gewohnheiten.*
> *Achte auf deine Gewohnheiten, denn sie werden dein*
>   *Charakter.*
> *Achte auf deinen Charakter, denn er wird dein*
>   *Schicksal.“*
>
> Chinesisches Sprichwort

Es ist eine weit verbreitete Gewohnheit, dass wir anderen die Schuld an unseren Problemen zuschreiben. „Du bist daran schuld, dass es mir scheiße geht! Weil du mir nie zuhörst! Weil du immer so unfreundlich bist!“

Seit wir Babys sind, suchen wir die Ursachen für unser Unwohlsein in der Außenwelt. Und solange wir die Verantwortung für unsere eigene Befindlichkeit in fremde Hände legen, werden wir unmündig bleiben, Babys. Erst wenn wir fähig sind, diese infantile Gewohnheit aufzugeben und die völlige Verantwortung für unser Befinden zu übernehmen, können wir erwachsen werden.

Karma ist *kein* Synonym für „Schicksal“. Dem Schicksal sind wir völlig ausgeliefert. Es widerfährt uns. Karma schaffen wir.

Wie mir die Welt begegnet, das hängt davon ab, was ich denke, sage und tue. „Karmisches Denken" will uns erziehen: zu absoluter Mündigkeit und Selbstständigkeit. Wir übernehmen die Verantwortung für unsere Taten und die Folgen unserer Taten. Wir hören damit auf, eine Opferrolle zu spielen.

Der Buddhismus lehrt, dass tatsächlich alles, was wir erleben, durch unser eigenes Handeln verursacht ist. Überall dort, wo wir den Zusammenhang zwischen unserem Tun und dem, was uns widerfährt, nicht erkennen können, sprechen wir von „Schicksal" oder „Zufall" und begeben uns in die Opferrolle.

Aber was ist mit hungernden, missbrauchten, misshandelten Kindern? Tragen sie selbst die Schuld an ihrem Elend? Sind es die bitteren Früchte ihres „Karmas", an denen sie leiden? Ich denke, wenn wir dem Leid anderer begegnen, dann sollte es mit Liebe und Mitgefühl geschehen, *nicht* mit dem Gedanken an Karma. Ich verstehe das „Karma-Konzept" als therapeutische Maßnahme, die ich auf mich selbst anwende. Sie will mich lehren, Verantwortung für mein Denken und Tun zu übernehmen. In der Meditation über Karma geht es um mich. Um *mein* Ausgeliefertsein und um *meine* Freiheit in der Gestaltung *meiner* Erfahrungsräume, nicht um leidende Kinder in Sierra Leone.

Es wäre vermessen, einen leidenden Mitmenschen auf sein Karma hinzuweisen. „Da bist du schon selbst daran schuld!" Das Karma-Konzept soll nicht missbraucht werden, um fremdes Leid zu rechtfertigen, sondern soll mich ermutigen, die Verantwortung für mein Leben zu übernehmen.

Trägheit der Gewohnheitsmuster

„Die Freuden und Leiden der Wesen
kommen von ihren Taten, sagte der Buddha.
Die Verschiedenheit der Taten
führt zur Verschiedenheit der Wesen
und bedingt ihr verschiedenartiges Kreisen in Samsara.
Wie unermesslich ist dieses Gewebe des Karma!"

Sutra der hundert Taten [26]

Mein Lehrer Ringu Tulku Rinpoche sagt meist „gewohnheitsmäßige Tendenzen", wenn er über Karma spricht. Wenn Wasser auf einen ebenmäßigen Stein tropft, dann kann es zunächst
nach allen Seiten an diesem Stein hinabrinnen. Irgendwann
wird sich jedoch eine Tendenz abzeichnen und nach langem,
stetigem Tropfen wird das Wasser eine Rinne in den Stein ge-
höhlt haben und alle weiteren Tropfen werden dem Weg hinab-
folgen, den die Tropfen davor etablierten.

Bewusstsein ist ohne Gestalt. Durch unsere Handlungen
bahnen wir ihm das Flussbett, in dem es in eine bestimmte
Richtung strömt. Durch unsere Handlungen geben wir dem
klaren, reinen Wasser des Bewusstseins eine persönliche Färbung, Richtung und Geschwindigkeit. Handlung bestimmt die
Struktur, in der sich „Geist" in „Form" manifestiert, in der Welt
der zehntausend Dinge.

Vielleicht denke ich, mit meinem Kind stimmt etwas nicht.
Ich wurde auf eine bestimmte Art und Weise erzogen und habe

möglicherweise in einem Erziehungsratgeber gelesen, wie Kinder sich verhalten und wie sie sich nicht verhalten sollten. Nun entspricht das Verhalten meines Kindes nicht meiner Idee, wie Kinder sich zu verhalten haben, und die Nachbarn bestärken meinen Verdacht und werden nicht müde zu wiederholen: „Ganz schön verzogen, der Kleine!"

So komme ich zu dem Schluss, dass irgendetwas mit ihm nicht ganz in Ordnung ist. Mein Kind ist hyperaktiv, kann sich null konzentrieren, macht ständig Unfug, nervt wahnsinnig.

Also fang ich an, ihm zu sagen: „Du nervst! Kannst du nicht einmal ruhig sein!? Nie hörst du auf mich!" Und weil ich ab und zu meine Ruhe haben will, setz ich es vor den Fernseher und sage ihm wieder und wieder, wie sehr es mich nervt – und natürlich fängt es irgendwann tatsächlich zu nerven an, nimmt mich irgendwann nicht mehr ernst und blödelt herum. Also ab zum Doktor mit ihm, und der überlegt nicht lange, diagnostiziert ADHS und verschreibt ihm Ritalin.

Ich beginne also, mein Kind mit Amphetaminen vollzupumpen, und um gelegentlich Zeit für mich zu haben, kaufe ich ihm ein paar Videospiele und wundere mich dann, dass es in der Schule nicht klarkommt, anfängt zu schwänzen, zu kiffen, herumzupöbeln ... Und wirklich, es ist die Hölle mit meinem Kind, irgendetwas stimmt einfach nicht mit ihm!

Ich erinnere mich gut an ein allabendliches Drama: meinen Sohn schlafen legen. Ich war ein Jahr lang in Erziehungsurlaub – plötzlich, ganz unvorbereitet Vollzeitpapa. Nach einem ganzen Tag ununterbrochenen Papaseins wollte ich den Abend für mich haben; meditieren, lesen, Beine hochlegen. Und dann war ich genervt, wenn er nicht gleich schlafen wollte.

„Sei jetzt ruhig, schlaf jetzt!" So lag ich ungeduldig neben ihm und ärgerte mich darüber, dass er keine Ruhe geben wollte. Und dieses Drama wiederholte sich wieder und wieder.

Manchmal war es mir egal, wie lange er brauchen würde, um einzuschlafen, weil ich selbst müde war und schlafen wollte. Und siehe da: Auf einmal ging es ganz schnell. Auf einmal kuschelte sich der kleine Terrorist friedlich zu mir und schlief einfach ein!

Je öfter wir einen bestimmten Ablauf wiederholen, je öfter wir auf eine bestimmte Art über etwas nachdenken oder sprechen, um so starrer und enger wird die Welt um uns herum, und es wird immer schwieriger, auf eine andere Art zu handeln. Schließlich geschieht alles aus einem trägen Gewohnheitszwang heraus, immer mechanischer, immer festgelegter auf eben diesen einen bestimmten Ablauf.

Selbst wenn wir einen derartigen Ablauf erkannt und als beengend und ungeschickt entlarvt haben, drängt uns oft das geballte Gewicht der Gewohnheit, ein ungeheurer „Gewohnheitsschub", weiter in eine Richtung, in die wir gar nicht wollen, in Abläufe, die uns missfallen. Es bedarf einer geduldigen Schritt-für-Schritt-Neuprogrammierung, um uns aus dem unwiderstehlichen Sog alter Gewohnheiten in ein besser fließendes Fahrwasser zu manövrieren.

Aus einer Tulpenzwiebel wird keine Orchidee wachsen

„Die Wahrheit von Ursache und Wirkung sorgt dafür,
dass Taten Folgen haben, Volk von Tigri,
vermeidet alles Tun, das negativ und unheilsam ist."

Padampa Sangye [27]

„Durch heilsame Handlungen erlangst du Glück,
aus unheilsamem Handeln erwächst Leid."

Smrtyupasthana [28]

Wenn ich einen Apfel vergrabe, dann wird kein Birnbaum daraus wachsen. Wenn ich ständig mit anderen Frauen in die Kiste steige, dann kann ich nicht erwarten, dass meine Freundin mir vertraut und treu ist. Wenn ich mich hemmungslos betrinke, wird es mir am nächsten Tag beschissen gehen, und wenn ich rauche, dann steigt das Risiko, an Krebs zu erkranken.

Wir ernten, was wir sähen. Wenn ich die Welt durch hassende Augen betrachte, dann werde ich eine Hölle sehen, bewohnt von Dämonen, die mir ans Leder wollen.

Der Buddhismus unterscheidet zwischen heilsamen und unheilsamen Handlungen. Heilsam sind geschickte Handlungen, die den Wesen um mich herum und mir selbst von Nutzen sind und einen angenehmen Raum der Freude kreieren. Unheilsam sind ungeschickte Handlungen, die anderen Wesen und mir selbst schaden und die zu Enge und Leid führen.

Es ist ganz einfach: Handle ich auf geschickte Art und Weise, im Einklang mit der Welt und den Wesen um mich herum, dann wird dieses Handeln erfreuliche Resultate nach sich ziehen. Agiere ich auf ungeschickte, destruktive Art, dann wird die Wirkung dieses Tuns unerfreulich sein. Ob eine Handlung heilsam oder unheilsam ist, hängt maßgeblich von der Motivation ab, aus der heraus sie getan wird.

„Alle Dinge entstehen im Geist,
sind unseres mächtigen Geistes Schöpfung.
Rede mit unreinem Geist,
handle mit unreinem Geist,
und Leid wird dir folgen,
wie das Rad dem Fuß folgt,
der den Wagen zieht.

Alle Dinge entstehen im eigenen Geist,
sind unseres mächtigen Geistes Schöpfung.
Rede mit reinem Geist,
handle mit reinem Geist,
und Glück wird dir folgen,
wie der Schatten dem Körper folgt
und nicht weicht."

Dhammapada[29]

Handle ich mit der Motivation, Schaden zu verursachen, dann ist es ein unheilsames Tun. Handle ich aus dem aufrichtigen Wunsch heraus, jemandem zu helfen, ist es ein heilsames Tun.

Überall, wo wir in Selbstbezogenheit verkapselt sind, unfähig, die Befindlichkeit anderer Wesen zu sehen und zu achten, handeln wir auf eine ungeschickte Art und Weise, die für andere wie für uns selbst Schwierigkeiten kreiert. Überall, wo uns Empathie motiviert, wo wir fremde Befindlichkeiten berücksichtigen, werden wir eine angenehme Atmosphäre schaffen.

Nun ist unsere Motivation oft unscharf. Mal handeln wir aus Eigennutz, mal aus selbstlosen Motiven und oft weder ganz selbstsüchtig noch ganz uneigennützig. Dementsprechend ist die Welt, die wir erleben, ein buntes Netz aus Annehmlichkeiten und Schwierigkeiten.

Alles, was wir denken, sagen und tun, Heilsames wie Unheilsames, prägt eine Spur ins Feld unseres Geistes. Wie ausgeprägt und scharfkantig wir eine solche Spur jedoch erleben, ist abhängig von mehreren Faktoren. Der Hauptfaktor ist unsere Motivation. Darüber hinaus wird die Wucht, mit der wir auf die Folgen unserer Taten prallen, abgefedert oder verstärkt, je nachdem, ob wir eine Tat nur denken oder ob wir sie tatsächlich tun; ob wir uns währenddessen daran erfreuen, ob wir danach Genugtuung empfinden und ob wir sie wiederholen wollen. Dazu kommt: Steter Tropfen höhlt den Stein, will sagen: Eine kriminelle Einzeltat hat ihre Folgen, aber erst als Wiederholungstäter bewegen wir uns unweigerlich in die Justizvollzugsanstalt hinein. So webt erst die Wiederholung von ungeschicktem Denken, Sprechen und Tun das eiserne Netz der Gewohnheiten, in das wir uns schier hoffnungslos verstricken.

Auch ein geschmeidiges, geschicktes Handeln ist eine Frage der „Gewohnheit". Je öfter wir aus einer beweglichen, unparteiischen, liebevollen Geisteshaltung heraus agieren, umso leichter wird es uns fallen und umso wohnlicher und angenehmer wird uns unsere Umwelt erscheinen.

Fazit: Übernimm die Verantwortung für dein Leben! Achte auf deine Gedanken, Worte und Taten, anstatt anderen die Schuld an deinen Schwierigkeiten zu geben. Solange du dich träge im Strom deiner gewohnheitsmäßigen Tendenzen treiben lässt, wirst du Leid erfahren; mal mehr, mal weniger. Aber du wirst dem Wechsel von Freude und Leid ausgeliefert sein wie ein trockenes Blatt dem Herbstwind.

Übungsvorschlag zum dritten Grundgedanken

Sitze aufrecht und entspannt. Richte deine Aufmerksamkeit auf deinen Atem. Atme ein paar Mal ein und aus und komm zur Ruhe. Dann denke Folgendes und lass zwischendurch das Gedachte auf dich wirken:

Ich bin verantwortlich für mein Leben. Mit meinen Gedanken, Worten und Taten würze ich meine Welt und bestimme den Geschmack meiner Erfahrung.

(Erinnere dich an eine verbale Entgleisung der letzten Tage. Versetze dich in das Gefühl hinein, das deine Worte bei deinem Gegenüber verursachten, und vergegenwärtige dir die Stimmung, in der du selbst danach warst.)

Meine Probleme sind Folgen meiner unbedachten, ungeschickten Äußerungen und Taten. Durch die Art, wie ich denke, bestimme ich den Geschmack dessen, was mir widerfährt.

Verweile ein paar Minuten entspannt in dieser Stimmung.

Vierter Grundgedanke: Samsara – ewiges Herumeiern

Samsara wird gewöhnlich als „Daseinskreislauf" übersetzt und beschreibt unermüdlich wiederholte Kreisläufe der Unzufriedenheit. Der griechische Mythos des Sisyphos zeigt ganz gut einen derartigen ausweglosen Leidenskreislauf. Sisyphos ist dazu verdammt, einen schweren Felsbrocken einen Berg hinaufzubefördern. Immer wenn er oben ankommt, poltert der Fels jedoch sogleich wieder ins Tal hinab, und Sisyphos muss erneut damit beginnen, den Stein nach oben zu rollen, unermüdlich, wieder und wieder.

Wie Sisyphos mühen auch wir uns unermüdlich in den Tretmühlen unserer Sorgen, ohne auf die Idee zu kommen, auszusteigen. Kaum haben wir eines unserer Ziele erreicht, geht die ganze Plackerei auch schon wieder von vorn los – ohne einen kleinen Moment des Innehaltens, ohne einen winzigen Augenblick der Entspannung.

Nach seinem Erwachen unter dem Bodhibaum im indischen Bodhgaya lehrte der Buddha die „vier edlen Wahrheiten"; die

Wahrheit vom Leiden, von seinen Ursachen, von der Möglichkeit, Leid zu transzendieren, und von dem Pfad, der über das Leid hinausführt. Er lehrte, dass Leid der grundlegende Geschmack unserer Existenz ist und bleibt, solange wir, der grundsätzlichen Instabilität der Phänomene zum Trotz, der Versuchung nachgeben, irgendetwas festhalten zu wollen.

So gesehen ist der Buddhismus eine Analyse des Leidphänomens und eine profunde Anleitung zum Umgang mit Schmerz.

> *„Es heißt, dass in diesem Samsara*
> *nicht eine Nadelspitze Glück zu finden ist,*
> *und sollte man zufällig ein kleines bisschen finden,*
> *trägt es das Leiden der Veränderung in sich."*
>
> *Padmasambava*[30]

Samsara ist keine Hölle, kein Ort ewiger Verdammnis und Qual. Samsara ist die Tendenz unseres Geistes, leidvolle Gewohnheitsmuster unermüdlich und unausgesetzt zu wiederholen.

Samsara ist Sucht

Alle Wesen wollen glücklich sein, kein einziges Wesen *will* leiden. Dennoch wiederholen wir unermüdlich leidvolle Abläufe. Wir alle. Wohl kaum aus Masochismus, sondern aus Dummheit. Weil wir nicht wirklich verstehen, was uns leiden lässt. Und selbst dort, wo wir es grundsätzlich verstehen, sind wir so sehr daran gewöhnt, auf eine Weise zu handeln, die Leid erzeugt, dass es uns nahezu unmöglich ist, aus der Tragödie auszusteigen.

Samsara ist Sucht. Wir sind süchtig nach dem wohlvertrauten Geruch unserer Leiden. Lieber stecken wir den Kopf in den glühenden Sand unserer Schmerzen, als uns der offenen Weite der Wirklichkeit auszusetzen. Und so spielen wir weiter unsere Rolle in der endlosen „göttlichen Tragödie", von Höllenkreis zu Höllenkreis, verharren in den gewohnten Schatten unserer Höhlen und verstecken uns vor dem strahlenden Glanz unseres ureigenen Buddhaseins.

Ich habe meine erste Zigarette geraucht, als ich zwölf war. Dann war ich jahrelang ein Gelegenheitsraucher, und erst die herausfordernde Arbeit im Pflegedienst und emotionale Herausforderungen ließen mich damit beginnen, täglich zu rauchen. Ich bin mir bewusst, dass Rauchen Krebs verursacht, und aus Achtung vor meinem kostbaren menschlichen Dasein versuche ich seit Jahren damit aufzuhören, höre auf, rauche Wochen und Monate nicht – und fang wieder an! Völlig verblödet!

Mit fünfzehn rauchte ich zum ersten Mal Cannabis. Es war ein Abenteuer und es geschah aus einer großen Neugier heraus. Dann habe ich ein paar Jahre lang regelmäßig bis täglich Dope gequalmt, irgendwann aus reiner Gewohnheit und weil ich es zu einem Teil meiner Identität gemacht hatte. Der Rausch behagte mir eigentlich immer weniger, irgendwann war es kaum mehr als eine substanzinjizierte Paranoia, und dennoch: Es brauchte viele Anläufe, einen großen Überdruss, es war ein langes Ringen, bis ich damit aufhörte.

Meine einjährige mönchische Abstinenz endete im Bett mit der pinkhaarigen Lilith und mit meiner ersten LSD-Erfahrung allein im Wald. Dass 200 Mikrogramm einer Substanz mein Welt- und Selbstverständnis derart sprengen können, faszinierte mich ungemein und musste erforscht werden!

Ich legte meine weißen Klamotten ab und gab mich dieser Erforschung veränderter Wachzustände hin; allein, mit Freunden, im Wald, zu Hause, auf Technopartys und Goafestivals. Amphetamine, MDMA, Ketamin, Psilozybin, Peyote etc. Ich entwarf eine Visitenkarte mit der Aufschrift: Michael Feike. Dichter und Psychonaut.

Wir trafen uns auf der Straße, hörten Punkrock, philosophierten und tranken Bier. Abends nahmen wir Drogen und durchtanzten die Nächte zu elektronischer Tanzmusik. Unter der Woche stand ich um sieben Uhr auf, um zu meditieren, verdiente ein bisschen Geld mit Kabeltragen und anderen Gelegenheitsjobs, schrieb Gedichte, las Bücher von Knut Hamsun bis Wilhelm Reich und freute mich auf das Wochenende und neue Rauschexkursionen.

Ich drang immer tiefer in zwei scheinbar gegensätzliche Welten ein, und immer wieder kam mir der Ausruf von Goethes Faust in den Sinn: „Zwei Seelen wohnen, ach, in meiner Brust!"

Dahinter aber stand *eine* Frage: Was ist der Sinn? Was ist Bewusstsein? Wer bin ich? Von Montag bis Freitag saß ich jeden Tag drei, vier Mal auf meinem Kissen, um eine Antwort auf diese Fragen zu finden, und am Wochenende spielte ich aus demselben Grund mit psychoaktiven Substanzen herum.

Einmal streunte ich durch die Stadt, voll auf Wodka und Ritalin, in hautengen, glitzernden Hosen, mit Nietenhalsband, da begegnete ich einer flüchtigen Bekannten und lud sie auf eine Party am Abend ein. Zu meinem großen Erstaunen kam sie tatsächlich, und als der Morgen graute, lagen wir uns in den Armen, küssten uns und verbrachten den folgenden Tag miteinander. Sie gab mir ihre Nummer, und nach ein paar Tagen rief ich sie an und wir trafen uns wieder. Drei Monate später war sie schwanger, und neun Monate danach brachte sie unseren Sohn zur Welt.

Das war vielleicht meine Rettung. Das Spiel mit psychoaktiven Substanzen ist ein Spiel mit dem Feuer. Drogen fordern Aufmerksamkeit. Sie vereinnahmen einen schleichend und irgendwann dreht sich das ganze Leben um die Rauscherfahrung. Gedanken, Gespräche, Freunde – alles konzentriert sich auf die Jagd nach knisternden, bunten Erfahrungen, und langsam verliert man darüber die Befindlichkeit der Menschen um einen herum aus den Augen und verstrickt sich immer mehr in ein egozentrisches Jägerdasein. Man spinnt sich in einen seidenen Kokon ein, erstarrt und verliert das, wonach man eigentlich sucht: sich selbst und das Wissen um das eigene grundlegende Verbundensein, seine Liebe, seine Geliebten.

Ich denke, *alles*, was wir tun, ist ein Versuch, die „große Frage von Leben und Tod" zu beantworten, die Frage nach dem Sinn unserer Existenz. Ich denke, *jeder* stellt sich diese Frage, und jeder versucht auf die eine oder andere Art Antworten darauf zu finden. Jeder Rausch, jeder Krieg, Liebemachen, Geldverdienen, all das ist Ausdruck unseres existenziellen Versuchs, das Leben zu verstehen, unsere Existenz zu begreifen und glücklich zu sein.

Solange wir jedoch nur draußen, im bunten Treiben der Welt, nach Antworten suchen, werden wir uns heillos in niemals endenden Geschichten verstricken, und anstatt gültige Antworten und brauchbare Strategien zu finden, werden wir langsam die ursprüngliche Frage vergessen und uns mit selbstgezimmerten Identitäten zufriedengeben, die uns immer tiefer in die Dschungel der Verwirrung hineinführen, in denen es heißt: fressen und/oder gefressen werden.

Samsara ist ein Trip, ein Traum, mal angenehm, mal Albtraum, gewoben aus dem zähen Garn unserer gewohnheitsmäßigen Tendenzen. Solange wir schlafen, werden wir weiterträumen. Erst mit dem Aufwachen werden wir plötzlich verstehen: Oh, es war nur ein Traum!

Verkapselung in Selbstbezogenheit

Ursprung und Quelle dieser hamsterradgleichen Leidwiederholung ist unsere Selbstbezogenheit. Selbstbezogenheit ist der tiefe Schlaf, in den die samsarischen Träume gebettet sind. Wir verschanzen uns hinter dem bunten, weitverzweigten Netz unserer Identität, und all unser Trachten und Tun erschöpft sich darin, dieses Trugbild „Identität" zu schützen.

Wir nehmen alles persönlich, was um uns herum geschieht. Wir nehmen es persönlich, wenn es regnet, und wir nehmen es persönlich, wenn die Sonne scheint. Wir nehmen unseren Erfolg persönlich und gleichermaßen unseren Misserfolg. Ist jemand freundlich zu uns, nehmen wir es persönlich und reagieren mit Anhaftung und Stolz, ist jemand unfreundlich zu uns, nehmen wir es persönlich und reagieren wütend und voller Neid. Wir machen alles zu einer persönlichen Angelegenheit. Was unser Nachbar denkt und tut, ob er seinen Rasen mäht, welche Musik er hört, wie er sich kleidet und welche Partei er wählt – zu allem bilden wir uns unsere persönliche Meinung und fühlen uns persönlich betroffen.

Selbstbezogenheit verhindert, dass wir die Welt so sehen, wie sie ist. Wir erleben das Sein fortwährend als ein auf uns bezogenes Geschehen. Diese egozentrische Sicht ist eine verzerrte Sicht. Selbstbezogenheit trennt uns von der Welt, und aus diesem Erleben fundamentalen Getrenntseins heraus versuchen wir verzweifelt, das „andere" auf „uns" zu beziehen. Wir konstruieren eine festungsgleiche Identität, die es im Folgenden unablässig zu versorgen, zu schützen und zu verteidigen gilt.

Aus der Verkapselung in Selbstbezogenheit heraus reagieren wir auf das „andere" mit einem zweifachen Impuls. Wir jagen den angenehm erscheinenden Phänomenen hinterher und fliehen vor den unangenehmen. Solange wir uns in der Festung der Selbstbezogenheit verschanzen, erschöpft sich jede Regung unseres Seins in dieser zweifachen Bewegung: Jagd und Flucht.

Gier, Wut, Eifersucht & Co.

Der fundamentale Irrtum einer unabhängigen, eigenständigen Identität begründet die zweigesichtige Reaktion auf das Geschehen „da draußen". Zum einen klammern wir uns verzweifelt an alle Phänomene und Ereignisse, die uns wünschenswert erscheinen. Diese Tendenz verzweifelten Klammerns missachtet die Instabilität und Flüchtigkeit der Phänomene und Ereignisse. Sie äußert sich als breites emotionales Spektrum: von einer subtilen Anhaftung an unser Identitätskonstrukt bis hin zu unstillbarer Gier und Habgier, zu einer steten Jagd nach Macht, Besitz und Ruhm. Von Anhaftung beherrscht werden wir niemals Befriedigung finden. Die Objekte unserer Gier gleichen salzigem Wasser. Je mehr wir davon trinken, umso größer wird unser Durst, unser Verlangen danach. Da alle Phänomene grundsätzlich unbeständig sind, kann uns alles Klammern am Ende nur enttäuschen.

Zum anderen reagieren wir auf bedrohliche, unangenehme Erscheinungen und Ereignisse mit Aversion, die sich in spontaner Wut äußern und bis hin zu zäh kultiviertem, kaltem Hass gehen kann. Anhaftung und Abneigung halten uns gefangen im Verlies der Egozentrik, und die ganze bunte Vielzahl unserer Probleme ist ein Resultat dieses zweifachen Reagierens.

Unwissenheit bezüglich der wechselseitigen Abhängigkeit der Phänomene und daraus geboren Anhaftung und Abneigung, das ist das Fundament der samsarischen Erfahrung, der Erfahrung unermüdlich repetierten Leidens. Dieses Fundament ist ein vorzüglicher Nährboden für weitere problemschwangere emotionale Reaktionen wie Eifersucht, Neid und Stolz.

Der Buddhismus erkennt im Stolz, einer im Westen oft positiv besetzten emotionalen Regung, eines von fünf primären „Geistesgiften". Stolz ist ein Gefühl der Überlegenheit. Als eine mögliche Reaktion auf den fundamentalen Irrtum eigenständiger, isolierter Existenz konserviert das Stolzsein ebenjene Empfindung des Abgetrenntseins und vertieft die Kluft zwischen „mir" und der Welt. Immer wenn ich stolz bin, erhebe ich mich über mein Umfeld und verbaue mir die Möglichkeit teilzuhaben, Teil zu sein und meinen Spaß zu haben.

Es passierte zum Beispiel immer wieder, dass ich mit meiner Schwester auf einer „schlechten" Party landete. Während sie sich meist recht bald mit ein paar Typen an der Bar zusammentat und ihre Freude an der Sache hatte, war ich die ganze Nacht damit beschäftigt, mich über den DJ aufzuregen, über die miese Musik zu schimpfen und auf die ganzen „Proleten" herabzublicken. Ich, der Partykönig, auf so einer provinziellen Scheißparty! Morgens auf dem Heimweg war sie dann ganz zufrieden und ich halbwegs frustriert.

Auch Eifersucht und Neid sind Reaktionen auf die Empfindung grundlegender Isolation. Sie versetzen uns in eine Position der Bedürftigkeit und Abhängigkeit. Unwissenheit, Anhaftung, Abneigung, Eifersucht und Stolz beschreiben die Struktur einer psychischen Organisation, die auf isolierte Identität bezogen ist. Gründen wir unsere Identität hingegen auf Buddhanatur, auf wache Bewusstheit, dann können die gleichen emotionalen Regungen wie eine Art Wecker fungieren: Sie können uns dabei helfen, wieder und wieder aufzuwachen.

In jeder emotionalen Äußerung entlädt sich eine starke Energie, der ich gewöhnlich machtlos ausgeliefert bin und die mich oft unweigerlich in ungeschickte Handlungsabläufe reißt. Dieselbe Energie ließe sich jedoch auch nutzen, um das Feuer meiner Aufmerksamkeit zu schüren, vorausgesetzt, ich bin nicht völlig vereinnahmt davon, sondern habe einen gewissen inneren Abstand dazu.

Dieses Abstandnehmen lässt sich trainieren. Generell gilt: Je wacher und aufmerksamer ich bin, umso weiter ist der Raum, in dem sich emotionale Abläufe ereignen können, und umso geringer ist die Gefahr, dass eine Emotion mich in unüberlegtes, ungeschicktes Handeln treibt.

Emotion + Selbstbezogenheit =
Enge, Verwirrung und Probleme
Emotion + Bewusstsein =
Weite, Wachheit und Leichtigkeit

Sobald wir uns einer Emotion bewusst werden, gewinnen wir an Freiheit. Wenn mich Wut überkommt, dann kann es leicht geschehen, dass ich aus dieser Wut heraus auf eine blinde, ungeschickte Art und Weise spreche und agiere, auf eine Art und Weise, die Schwierigkeiten für mich und andere verursacht. Ein Augenblick blinder Wut kann das Leben eines anderen Menschen und mein eigenes zerstören. Sobald ich mir jedoch bewusst bin, dass ich wütend bin, ist die Gefahr ungeschickten Handelns schon um ein Vielfaches geringer.

Selbstbezogene Emotionen wie Wut, Gier, Eifersucht und Stolz verengen unseren Blick, und jedes Wort, das aus dieser Enge heraus gesprochen wird, jede Tat, die aus dieser Enge heraus getan wird, treibt uns tiefer in ein Erleben von Enge und Raumnot hinein.

Wir alle erleben das in Streitgesprächen. Eine gesittete Diskussion kann in Sekundenschnelle zum Streit aufflammen, wenn uns Emotionen beherrschen. Das Gefühl dabei ist ein Gefühl der Enge. Wir können nicht mehr argumentieren, uns fehlen die Worte, unser Puls galoppiert, und es schnürt uns den Magen zusammen.

Wenn es mir in so einem Moment gelingt, einen Schritt zur Seite zu gehen und mich von außen zu betrachten bzw. meinen Blick nach innen zu wenden, auf das, was in diesem Moment in mir abläuft, anstatt mich auf die vermeintliche Ursache meiner Wut da draußen zu fixieren, dann fällt das Feuer augenblicklich in sich zusammen, und ich sehe auf einmal sehr klar, was vor sich geht – sprich: Ich bin auf einmal ganz wach und aufmerksam.

Wut, die im weiten Raum einfacher Wachheit erscheint, wird sich in dieser Weite sehr schnell wieder auflösen, ohne Schaden anzurichten.

Erscheint eine Emotion im weiten Raum einfachen Gewahrseins, dann kann sie also als Brennstoff eben dieser einfachen

Bewusstheit dienen. Umso mehr emotionaler Brennstoff, umso heißer das Feuer einfacher Bewusstheit.

Dass Emotionen derart als Brennstoff für Bewusstsein dienen können, erfordert allerdings einen gewissen Grad an Aufmerksamkeit. Wir müssen klar sehen, was von Moment zu Moment abläuft. Diese Aufmerksamkeit, dieses klare Sehen, schulen wir in der Meditation.

Wenn wir uns nicht in Aufmerksamkeit schulen, dann übermannen uns unsere Gefühle, und dann erscheinen sie als Leidenschaften, die Leiden schaffen, als Brennstoff des samsarischen Flächenbrandes.

> *„Die Emotionen sind die große Weisheit;*
> *wie ein Dschungelfeuer sind sie des Yogis Helfer."*
>
> *Naropa* [31]

Sind Emotionen also auf das in sich verkapselte Ego bezogen, dann begründen sie die diversen Himmel und Höllen Samsaras und öffnen jene psychischen Räume, in denen sich die Mühle unseres Leidens dreht. Samsara ist eine Endlosschleife des Leids, wurzelnd im Missverständnis isolierter Existenz, organisiert durch die inneren Regungen Gier, Wut, Eifersucht und Stolz.

Wie eingangs beschrieben, ist wache Aufmerksamkeit die Basis einer jeden Erfahrung. Nichts ist erfahrbar, wenn wir bewusstlos sind. Diese wache Aufmerksamkeit wurde bereits mit dem offenen, weiten Himmel verglichen. In dieser Weite bewegen sich Wolken, ohne den Himmel grundsätzlich irgendwie zu beeinträchtigen.

Ebenso erscheinen Anhaftung, Abneigung, Eifersucht und Stolz einfach auf der blanken Leinwand reinen Gewahrseins. Sie entfalten sich und lösen sich wieder auf. Wie alle Phänomene sind sie durch und durch unbeständig. Somit ist ihr Erscheinen an sich kein Problem, wäre da nicht unsere gewohnheitsmäßige Tendenz, flüchtige Phänomene zu fixieren und ihnen Beständigkeit zuzuschreiben.

Erscheint eine Regung wie Eifersucht in der Weite unseres Gewahrseins, dann erdenken wir uns oft gleich eine Story dazu, eine Geschichte, die das Feuer unserer Eifersucht nährt und am Brennen hält. Zu der eigentlichen Emotion packen wir eine Geschichte und schaffen mit ihr den Nährboden, aus dem die Emotion wieder und wieder keimen und wachsen kann.

Der Grund für das Erdenken von Geschichten ist die Selbstbezogenheit. Ein äußeres Ereignis löst ein Gefühl in uns aus und aufgrund unserer Selbstbezogenheit beginnen wir sofort damit, uns eine Geschichte dazu auszudenken, die es der Emotion erlaubt, weiter zu keimen und zu wuchern. Eine Emotion aber, der im Nährboden einer Geschichte eine gewisse Kontinuität zuteilwird, drückt sich früher oder später in Sprache und Tat aus.

Du solltest niemals vergessen: Wenn du wütend bist, dann ist es *deine* Wut. *Niemand* schreibt dir vor, wütend zu sein. Du selbst entscheidest, ob du in deiner Geschichte der Wut verweilst oder nicht. Kein anderer ist je verantwortlich für das, was du fühlst.

Ich will eine kleine Geschichte nacherzählen, die die amerikanische Zen-Meisterin Joko Beck in ihrem Buch *Zen im Alltag* zum Besten gibt: Ich treibe in einem Ruderboot auf dem See herum. Die Sonne scheint, vom Ufer dringt das Lachen und Plantschen der Kinder herüber, Seevögel pfeifen im Schilf. Plötzlich ein harter Ruck. Jemand hat mich mit seinem Boot gerammt! Ich richte mich wütend auf und beginne zu schimpfen: „Verdammt! Kannst du nicht aufpassen!" Da bemerke ich, dass niemand im anderen Boot sitzt. Es treibt ruderlos über den See dahin, und meine Wut verfliegt, weil niemand da ist, gegen den ich sie richten, niemand, den ich verantwortlich machen kann.

So hat Samsara seinen Ursprung in unserer Selbstbezogenheit und in den Geschichten unseres Egos. Durch unser auf Selbstbezogenheit gründendes Handeln in Denken, Sprechen und Tun würzen wir von Moment zu Moment die Erscheinungswelt mit dem samsarischen Salz, dem Geschmack des Leidens.

Hoffnung und Furcht

Samsara hat also seinen Ursprung im selbstbezogenen Denken. Weder die Welt der Phänomene noch die Emotionen von Anhaftung, Abneigung, Eifersucht und Stolz sind Samsara. Emotionen an sich sind Ausdruck, Schmuck, Ornament der ursprünglichen Wachheit. Erst das selbstbezogene Denken konserviert sie und formt den Teufelskreis andauernden Leidens daraus.

Selbst Schmerz an sich ist meist erträglich, käme nicht eine aus selbstbezogenem Denken entstandene Furcht hinzu. Schmerz weist auf eine Fehlfunktion unseres Organismus hin und erfüllt somit eine wichtige biologische Funktion. Erst aus selbstbezogenem Denken geborene Angst macht Leid aus unserem Schmerz. „Ich arme Sau! Ich könnte sterben! Ich könnte arbeitsunfähig werden! Ich könnte an Lebensqualität verlieren! Was, wenn dieser Schmerz schlimmer wird!? Was, wenn er nie wieder aufhört!?"

In einem Meditationsretreat kommt man nicht um Schmerzen herum. Während eines Zen-Sesshins (eine Meditationsklausur, eine Zeit intensiver Meditation unter klosterähnlichen Bedingungen im Stil des japanischen Zen-Buddhismus) erzählte mir jemand, der Schmerz würde nach ein paar Tagen nachlassen. Wunderbar. Als ich einmal einen Monat lang jeden Tag zehn Stunden lang meditierte, taten mir bereits am Abend des ersten Tages die Knie weh. Nach ein paar Tagen kamen dann ein schmerzender Rücken und Schmerzen im Hintern dazu. Sie wurden täglich ein wenig schlimmer und begleiteten mich den ganzen Monat hindurch. Poschmerzen, Rückenschmerzen, Beinschmerzen, Knieschmerzen. Aber irgendwann wurde der Schmerz uninteressant. Man kann sich nicht vier Wochen lang zehn Stunden täglich über Schmerzen empören. Langweilig. Der Schmerz blieb bestehen, aber das Leiden daran verschwand irgendwann.

Schmerz ist eine natürliche Funktion unseres emotionalen und unseres biologischen Organismus. Leid ist mentaler Natur.

Es ist das Resultat selbstbezogener, erdachter Geschichten, die wir im Spannungsfeld zwischen Vergangenheit und Zukunft spinnen. Aufgrund von vergangenen Erlebnissen und Erfahrungen blicken wir mit Hoffnung oder Furcht in die Zukunft. Schmerz ereignet sich immer nur im gegenwärtigen Moment. Erst unser selbstbezogenes Denken, unser Hoffen und Fürchten im Hinblick auf die Zukunft, lässt unsere Schmerzen zu Leid gerinnen.

Im gleichen Maße wie unsere Furcht uns von der Gegenwart trennt und somit von dem, was sich tatsächlich ereignet, trennt uns auch unser Hoffen vom wirklichen Geschehen. Überall, wo ein Funke Hoffnung in uns glimmt, ist das ein sicheres Zeichen dafür, dass wir mit dem gegenwärtigen Geschehen nicht zufrieden sind, und solange wir hoffnungsvoll in die Zukunft blicken, ist es uns unmöglich, uns ganz mit der Gegenwart zu verbinden und zu versöhnen.

Im engen Raum unserer Selbstbezogenheit kultivieren wir zwei Arten von mentalen Geschichten: Geschichten der Hoffnung und Geschichten der Furcht. Beide halten uns gleichermaßen gefangen im samsarischen Film, dem Ego-Film, der Never-Ending-Ganztags-Soap.

Die ganze andauernde Tragödie unseres Seins wurzelt in Selbstbezogenheit und in den aus Selbstbezogenheit gesponnenen Storys der Hoffnung und der Furcht. Innere Arbeit zielt darauf, uns von unserer Selbstbezogenheit zu befreien. Sie führt uns hin zu einem Sein im Einklang mit den Gegebenheiten, jenseits von Hoffnung und Furcht.

Übungsvorschlag zum vierten Grundgedanken

Sitze aufrecht und entspannt. Richte deine Aufmerksamkeit auf deinen Atem. Atme ein paar Mal ein und aus und komm zur Ruhe. Dann denke Folgendes und lass zwischendurch das Gedachte auf dich wirken:

All mein Leid ist letztendlich selbst geschaffen.

Aus Selbstbezogenheit nehme ich alles, was um mich herum passiert, persönlich und verliere mich unaufhörlich in Geschichten der Hoffnung und Furcht.

Selbstbezogenheit macht mich verletzlich und schmerzempfindlich wie eine offene Wunde.

(Erinnere dich an die größte Enttäuschung der letzten Zeit. Vielleicht führt dich die bloße Erinnerung direkt in den gleichen enttäuschten, verletzten Gemütszustand. Nun versuche einmal, das, was passiert ist und was dich enttäuscht und verletzt hat, nicht persönlich zu nehmen. Nimm dich selbst aus dem Spiel und schau dir die ganze Geschichte an, als sei sie eine Episode in einer Komödie.)

Immer wenn ich mich hinter den Bollwerken meiner isolierten Identität verschanze, reagiere ich mit Aggression und Aversion auf die Ereignisse, und die Welt wird mir als feindseliger Ort, als ein Ort des Mangels erscheinen.

Verweile ein paar Minuten entspannt in dieser Stimmung.

Die Meditation über die vier Grundgedanken

Es macht Sinn, wirklich Zeit in die Auseinandersetzung mit den vier Grundgedanken zu investieren. Wir können anhand dieser Gedanken ein tiefes Verständnis für innere Abläufe und äußere Gegebenheiten entwickeln und eine solide Basis für alle weitere „Arbeit" schaffen.

Aus dieser Auseinandersetzung wird früher oder später der Entschluss keimen, tatsächlich mit der Arbeit an uns selbst zu beginnen, und im Verlauf dieser Arbeit können uns die vier Gedanken wieder und wieder ermutigen, nicht auf halbem Weg stehen zu bleiben, sondern den inneren Arbeitsprozess zu unserem hauptsächlichen Anliegen zu machen.

Wer die Möglichkeit hat, ein Retreat zu machen, sich also für eine gewisse Zeit aus seinen alltäglichen Verpflichtungen herauszunehmen, der kann die vier Grundgedanken zum Inhalt dieser Auszeit machen. Im traditionellen Dreijahres-Retreat, einem wichtigen Baustein in der Ausbildung tibetischer Priester, wird in der Regel jedem der vier Gedanken ein ganzer Monat gewidmet. Einen Monat lang widmet man jeden Tag um die zehn Stunden lang der Meditation über die Wertschätzung für das Leben; dann kontempliert man einen Monat lang über die Instabilität aller Phänomene, setzt sich einen Monat lang intensiv mit den eigenen Gewohnheitsmustern auseinander, und schließlich wird einen Monat lang betrachtet, wie wir unermüdlich in unseren selbstentworfenen Himmeln und Höllen rotieren.

Natürlich haben die wenigsten Zeit, sich vier Monate Zeit freizuschaufeln. Aber auch eine viertägige Auszeit ist ein guter Start, ein Tag für jeden Gedanken. Oder du beginnst eine Woche lang deinen Tag mit einer Meditation über Vergänglichkeit. Einfach so lange, wie du Zeit hast. Dann versuchst du während des Tages den Fokus immer wieder auf die Instabilität der Phänomene zu lenken. Du kannst beispielsweise einen Tag nutzen, um die Emotionen in ihrer Flüchtigkeit zu beobachten, einen weiteren Tag konzentrierst du dich auf die Flüchtigkeit der Gedanken und so weiter. Du nutzt also den Alltag, um der Vergänglichkeit nachzuspüren, und beschließt den Tag mit einer weiteren Meditation über das Thema. In der darauf folgenden Woche verfährst du auf die gleiche Art mit dem nächsten der vier Gedanken.

Gerade die Meditation über diese Grundgedanken lässt sich wunderbar mit dem Alltag verbinden. Es handelt sich hier ja eben nicht um philosophische Erwägungen, sondern um eine Beschreibung alltäglicher Abläufe und Mechanismen, die sich letztlich *nur* in unserem alltäglichen Leben erkennen und erfahren lassen.

Haben wir uns einmal intensiv mit unserem kostbaren Menschenleben, mit Endlichkeit, Karma und Samsara vertraut gemacht, dann halten wir den ersten Baustein für ein erwachendes Bewusstsein in der Hand und haben insbesondere auch unsere Motivation für das weitere Praktizieren geschärft. Die vier Grundgedanken können uns ein Leben lang begleiten. Wir können jede Meditation mit einem kurzen Erinnern dieser vier Gedanken beginnen – damit wir niemals vergessen, *warum* wir überhaupt üben.

Ich beginne meine tägliche Meditation seit vielen Jahren mit einem kurzen Moment der Wertschätzung meiner Existenz, dem Blick auf die Instabilität der Phänomene, auf meine gewohnheitsmäßigen Tendenzen und auf mein Himmel- und Höllespiel. Ich komme immer tiefer hinein und ein Grund ist nicht in Sicht. Ein derartiges „formelles Üben" schärft unseren Blick für das, was sich in uns und um uns herum abspielt, und hält die Werkzeuge in unserem Werkzeugkasten scharf und rostfrei.

Also, nicht vergessen: Ich werde sterben. Ich allein bin verantwortlich für mein Glück und mein Leid. All mein Leid ist eine Kreation meines selbstbezogenen Denkens. Aber ich habe die einmalige, kostbare Gelegenheit, *jetzt* aus dem Film andauernder Unzufriedenheit auszusteigen!

Wie man wird, was man ist

Ein anderer Blickwinkel

Samsara ist ein Zustand der Enge und Isolation. Alle unsere Probleme, der ganze Wahnsinn unseres Leidens vollzieht sich in der Isolation unserer egozentrischen Verkapselung. Wir erleben uns als fundamental isoliert und getrennt von der Welt, einer Welt, die uns unüberschaubar und mal bedrohlich, mal begehrenswert erscheint. So sitzen wir im Käfig unserer Selbstbezogenheit und blicken hoffend und fürchtend auf die Welt da draußen.

Wir können natürlich so weitermachen bis in alle Ewigkeit. Wir können mit dieser Tragödie des Leidens fortfahren, Folge für Folge, Staffel für Staffel – Hoffnung und Furcht, Gewinn und Verlust, Freude und Leid. Die endlose Soap menschlicher Existenz.

Oder wir haben irgendwann gründlich die Nase voll davon. Dann steht es uns frei auszusteigen. Aber: Niemand kann für uns aussteigen, und wir werden auch nicht einfach herausfallen! Wenn du keine Lust mehr hast, wie ein ruderloses Boot auf dem Ozean selbstgeschriebener Tragödien umhergetrieben zu werden, dann liegt es an dir, das Drama umzuschreiben.

Es ist ein Prozess der Umprogrammierung, und der beginnt damit, dass du einen anderen Blickwinkel einnimmst. Anstatt andauernd „da draußen" nach Schuldigen an deiner Pein und nach Befriedigung zu suchen, wendest du deinen Blick „nach innen". Ein solcher Perspektivenwechsel ist der erste Schritt einer erfolgreichen Neuformatierung.

Zuflucht – der Blick nach innen

„Hat man Zuflucht genommen, [...] verringern und erschöpfen sich negative Handlungen und Verblendungen, [...] alles Gewünschte wird den Vorstellungen entsprechend erlangt, [...] und man wird tatsächlich, schnell und vollständig die Erleuchtung erlangen."

Phagmodrupa [32]

Die eigentliche buddhistische Praxis beginnt mit einem einfachen Ritual, dem Ritual der Zufluchtnahme, eben jenem Ritual, dem ich als Dreizehnjähriger in einer Münchner Einzimmerwohnung beiwohnen durfte.

Im Grunde besteht dieses Ritual aus der Wiederholung von drei einfachen Sätzen: Ich nehme Zuflucht zum Buddha. Ich nehme Zuflucht zum Dharma. Ich nehme Zuflucht zur Sangha. (Eine Erklärung dieser Begriffe folgt im weiteren Textverlauf.)

Mit diesen Worten drücken wir unseren Entschluss aus, an uns zu arbeiten und dabei den Anweisungen des Buddha zu vertrauen. Gewöhnlich beteuert man diesen Entschluss beim ersten Mal in Gegenwart eines buddhistischen Lehrers, der über einen eigenen Erfahrungsschatz verfügt, was die Anwendung dieser Lehren betrifft. Im weiteren Prozess richten wir uns mit diesen Worten selbst wieder und wieder aus und bekräftigen so jeden Tag aufs Neue, dass wir bereit sind, an uns zu arbeiten und uns gemäß der buddhistischen Lehre weiterzuentwickeln.

In der Regel, wenn ich nicht gerade schwer verkatert bin, beginnt mein Tag zwischen fünf und sechs Uhr mit dem Ritual der Zufluchtnahme. Jede buddhistische Praxis beginnt damit. Die Zuflucht gibt unserer Praxis die „richtige" Richtung.

Tatsächlich nehmen wir den lieben langen Tag Zuflucht. Wir nehmen Zuflucht zu unserem Morgenkaffee und zur dazugehörigen Zigarette, zu den Ledersitzen in unserem BMW und zu unserem Konto. Wir nehmen Zuflucht zu französischem Wein, Kokain, zu unserer Frau und zu unseren Geliebten, zum lieben Gott, zu unserer politischen Meinung und zu unserer religiösen, philosophischen, naturwissenschaftlichen Überzeugung.

Ohne Unterlass erwarten wir, dass uns die Welt mit Wohlergehen und Glück beschenkt. Wir jagen in einem fort in der Welt umher, auf der Suche nach Sicherheit und Befriedigung.

Nun gibt es „da draußen" dummerweise weder absolute Sicherheit noch andauernde Befriedigung. Keine Mama, keine

Droge, kein Gott, der uns ewigen Frieden und ewiges Glück beschert.

> *„Weltliche Leute nehmen Zuflucht zu den Göttern*
> *der Berge, Wälder und Opferstätten,*
> *der Haine, Felsen und Bäume.*
> *Doch das ist nicht die höchste, wirksamste Zuflucht."*
>
> *Dharma-Essenz in Versen* [33]

Das will sagen, dass wir unser Glück gewöhnlich von Faktoren abhängig machen, die wir irgendwo außerhalb unserer selbst vermuten.

> *„Vater und Mutter sind dir keine Zuflucht*
> *und auch gute Freunde und Verwandte nicht.*
> *Sie werden dich alle verlassen,*
> *denn sie gehen, wohin es sie treibt."*
>
> *Sutra „Manjushris heiteres Spiel"* [34]

Solange wir Zuflucht zu flüchtigen, instabilen, bedingten Phänomenen nehmen, wird uns das früher oder später enttäuschen. Eine wirkungsvolle Zuflucht kann nur ein absolutes, unbedingtes Phänomen gewähren. Dieses absolute, unbedingte Phänomen ist Buddhanatur, die einfache, grundlegende Bewusstheit.

Diese „wache Kapazität", Buddhanatur, ist weder irgendwo tief unter der Erde zu finden noch in den unermesslichen Weiten des Weltalls. Sie ist ein „inneres" Phänomen. Es gibt keinen Zugang irgendwo „draußen" dazu – Bewusstheit ist die Grundlage all unserer Erfahrung, der Kern unseres Seins. Die Zufluchtnahme ist das Tor nach innen, der Zugang zur spirituellen Dimension unseres Seins.

> *„Die Zuflucht des nach der letztendlichen Bedeutung*
> *strebenden Wesens ist der Buddha allein."*
>
> *Uttaratantra*[35]

Buddha – offene Weite, nichts von heilig

Buddha heißt: „der Erwachte", „der Wache", „der Wissende". Buddha meint also letztendlich nicht einen indischen Prinzen, der 500 Jahre vor Beginn unserer Zeitrechnung unter einem Feigenbaum Erleuchtung fand. Das Wort deutet auf die wache, wahrnehmende, bewusste Kapazität in *jedem* von uns hin.

> *„Nach Buddha und dem Dharma zu suchen,*
> *erzeugt nur Scheißkarma."*
>
> *Rinzai*[36]

Solange wir unser Glück von Äußerlichkeiten abhängig machen, und sei es vom Buddha höchstpersönlich, verstricken wir uns in ein unabsehbares Geschehen und erzeugen Karma. „Buddha" bezeichnet letztendlich kein äußeres Phänomen, sondern verweist auf unsere ureigene wache, wissende Kapazität. Daher auch der bekannte Zen-Spruch: „Wenn du den Buddha siehst, töte ihn."

Zuflucht zum Buddha ist ein Bruch mit unserer alten Gewohnheit, außerhalb unserer selbst nach Wahrheit und Glück zu suchen. Solange ich irgendwo einen Buddha sehe, erkenne ich den wirklichen Buddha nicht und schau blind am Wesentlichen vorbei. Das Wesentliche aber ist mein ureigenes blitzblankes Bewusstsein.

Gautama Buddha, der historische Religionsstifter, der vor etwa 2500 Jahren die als Buddhismus bekannte Lehre verbreitete, wird als „Buddha" bezeichnet, weil er ebenjene wache, bewusste Kapazität voll verwirklichte. Aber es wäre idiotisch, Zuflucht zu einem lange verstorbenen indischen Heiligen zu nehmen. Das wäre die Zuflucht der „weltlichen Leute" und würde nur „Scheißkarma" erzeugen.

Nehmen wir Zuflucht zum Buddha, zu *unserer* Buddhanatur, dann beginnen wir, mit der eingefleischten Gewohnheit zu brechen, unser Wohlergehen von Faktoren abhängig zu machen, die außerhalb unserer selbst liegen, die grundsätzlich flüchtiger Natur sind und deren Verfügbarkeit sich unserem Einfluss entzieht.

„Ich nehme Zuflucht zum Buddha", das meint: Ich nehme Zuflucht zu der wachen, bewussten Kapazität, die Basis meines gesamten Erlebens ist. Alles Glück, alle Freude und Annehmlichkeit, die mir der Genuss äußerer Vergnügen bereitet, ist flüchtiger Natur.

Der Genuss von Zitroneneis hat spätestens ein Ende, wenn ich das Eis verzehrt habe. Und selbst wenn ich unbegrenzt Eis zur Verfügung hätte, würde sich der Genuss des Eises recht bald erschöpfen und würde einem Überdruss und einem verdorbenen Magen weichen. Alles Glück, das von äußeren Phänomenen abhängt, ist ein flüchtiges Glück, da *alle* äußeren Phänomene grundsätzlich instabil sind.

Allein einfaches, ursprüngliches Gewahrsein steht mir jederzeit uneingeschränkt zur Verfügung. Und tatsächlich ist die blanke Erfahrung dieser bewussten Wachheit, die Erfahrung schieren Seins, eine für mich stets aufs Neue erfüllende, beglückende Erfahrung.

Ohne Bewusstheit könnte ich weder Zitroneneis noch das Liebesspiel mit meiner Freundin genießen. Bin ich während des Liebesspiels nicht bei der Sache, verliere ich mich währenddessen in diversen Geschichten der Hoffnung und Furcht, dann findet kein wirkliches Genießen statt, sondern lediglich die Befriedigung eines biologischen Anspruchs.

Wenn ich hungrig bin, dann wird ein Teller Pasta meinen Hunger stillen. Denke ich jedoch während des Essens an meinen gestrigen Kinobesuch oder an den anstehenden Wocheneinkauf, dann wird zwar ein Gefühl der Sättigung eintreten, das Essen wird mir jedoch keinen Genuss bereiten.

Also: Keine Freude ohne Bewusstheit!

Die Erfahrung reiner Bewusstheit ist an sich eine freudvolle Erfahrung. Bewusstheit ist damit ein unerschöpflicher Quell stets verfügbaren Glücks, unabhängig von den flüchtigen, wechselnden Bewusstseinsinhalten.

Tatsächlich ist es zutiefst befriedigend und beglückend, sich in wacher Aufmerksamkeit zu entspannen. Jedem steht diese Möglichkeit jederzeit offen, jeder kann es selbst ausprobieren. Allerdings ist eine gewisse Übung vonnöten, ehe es uns gelingt, den Geschmack des Buddha, die Würze wachen Gewahrseins unter der Vielfalt der aufdringlicheren Geschmäcker unserer Erfahrung herauszuschmecken.

Die Übung beginnt mit einer 180-Grad-Drehung unserer Blickrichtung – vom Außen zum Innen. Nach und nach schulen wir uns darin, dass unsere Aufmerksamkeit sich auf sich selbst richten kann. Wachheit, die sich selbst erfährt, anstatt sich andauernd in der Erfahrung einer instabilen, flüchtigen Außenwelt zu verlieren.

Zuflucht zum Buddha, zu unserer ureigenen wachen Aufmerksamkeit ist der Entschluss, mit diesem Training zu beginnen. Nachdem wir uns einmal dazu entschlossen haben, unterstreichen wir den Entschluss, uns dem wachen Gewahrsein als unerschöpflichem Quell der Freude jedes Mal zuzuwenden, wenn wir Zuflucht zum Buddha nehmen.

Dharma – befreiende Information

Dharma ist ein Sanskritbegriff mit einer sehr ähnlichen und ähnlich vielschichtigen Bedeutung wie der chinesische Begriff

Dao. Dharma beschreibt das Wesen der Wirklichkeit und die die Wirklichkeit organisierenden Gesetze. Dharma ist somit gültiges „Wissen vom Sein".

Dharma bezeichnet die Information, die Lehre über Natur und Wesen der Wirklichkeit und die Information darüber, wie der Einzelne im Einklang mit der Wirklichkeit und den ihr innewohnenden Gesetzmäßigkeiten sein kann, wie er sein Denken, Fühlen und Tun diesen Gesetzen gemäß ausrichten kann. Dharma bezeichnet außerdem alle Praktiken und Übungen, die ganze Vielfalt „geschickter Methoden", die uns helfen und befähigen, unser Leben im Einklang mit der Wirklichkeit zu leben.

Der Buddha-Dharma ist zunächst die Information über Geist, über Bewusstheit als Basis des Seins, und er lehrt uns, Bewusstheit als Kern unseres Wesens und als Grundlage all unserer Erfahrung zu begreifen. Weiter ist Dharma hier das Set von Methoden, das uns hilft, unser Erleben auf diese Bewusstheit auszurichten, sodass unser Denken, Fühlen und Tun zum blühenden Ausdruck dieser Bewusstheit wird.

Ohne Dharma, ohne die befreiende Information und die Methoden, die diese Information in unserem Leben wirksam und manifest werden lassen, wäre es uns kaum möglich, Buddhanatur, wache Aufmerksamkeit durch unser Sein auszudrücken. Buddhanatur bliebe ein Konzept, ein mentales Konstrukt ohne Wirksamkeit in unserem Handeln und unserem Erleben der Welt.

Daher nehmen wir Zuflucht zu Dharma, zur befreienden Information und Methode. „Zuflucht zum Buddha" bedeutet das

Anerkennen wacher Aufmerksamkeit als Kern unseres Wesens und unserer Erfahrung, „Zuflucht zum Dharma" bedeutet Vertrauen in die diesbezügliche Information und in die Methodik, die uns diese Information erschließt und uns befähigt, sie zu verwirklichen.

Nehmen wir an, irgendjemand schwärmt von Schwarzwälder Kirschtorte, und ich setze mir in den Kopf: Ich will und werde auch Schwarzwälder Kirschtorte essen! Das heißt, ich erfahre von der Existenz der Torte und beschließe, in ihren Genuss zu kommen. Das ist „Zuflucht zum Buddha".

Dann organisiere ich mir das Rezept, lerne, was Schwarzwälder Kirschtorte ist, woraus sie besteht und wie man sie bäckt. Ich hole mir alle Zutaten und backe sie. Das ist „Zuflucht zum Dharma".

Wenn ich das Rezept habe, werde ich wahrscheinlich allein eine Schwarzwälder Kirschtorte backen können, obwohl es mir vielleicht besser gelingt und mehr Spaß macht, wenn mir jemand dabei hilft, der schon einmal eine gebacken hat. Und spätestens zum Kuchenessen würde ich wahrscheinlich ein paar Freunde einladen.

Die innere Arbeit, die Dharma-Praxis geht nicht allein. Innere Arbeit bedeutet, vom Ego-Trip runterzukommen – und wie soll das allein gehen? Es geht nur gemeinsam mit anderen. Darum nehmen wir als Drittes Zuflucht zur Sangha, zu unserer spirituellen Familie, den Lehrern und Freunden, die uns auf dem inneren Weg begleiten.

Sangha – Weggefährten

„Komm, komm, wer immer du bist,
Wanderer, Götzenanbeter,
du, der du den Abschied liebst,
es spielt keine Rolle.
Dies ist keine Karawane der Verzweiflung.
Komm, auch wenn du deinen Schwur
tausendfach gebrochen hast.
Komm, komm, noch einmal, komm!"

Rumi [37]

Sangha meint zunächst einmal alle, die den „inneren Weg"
schon gegangen sind. Alle Buddhas und Bodhisattvas, alle Weisen, „Heiligen" und Propheten. Ohne ihre Beratung und Unter-
stützung ist es kaum möglich, ans Ziel dieser langen, manchmal
beschwerlichen Reise durch die Wüsten, Dschungel und Ebenen, über die Berge und Ozeane Samsaras zu gelangen.

Es heißt, dass vielleicht einer von Tausend allein ans Ziel
gelangt und die wahre Natur seines Geistes erkennt und ver-
wirklicht.

Selbst Buddha Shakyamuni, der Begründer des Buddhismus,
suchte zunächst einen Lehrer auf, nachdem er den väterlichen
Palast verlassen hatte, um die „große Frage von Leben und Tod"
zu klären. In der 2500-jährigen Geschichte des Buddhismus
findet man wohl kaum einen verwirklichten Meister, der nicht
als Schüler einem Lehrer folgte.

Wenn ich auf einen Berg steigen will, dann kann ich natürlich einfach drauflossteigen, und vielleicht werde ich sogar irgendwann den Gipfel erreichen. Es kann jedoch auch geschehen, dass ich ihn unterwegs aus den Augen verliere und mich in gefährlichen, zerklüfteten Steilhängen versteige, dass ich irgendwo in einen Abgrund stürze oder dass ich die Lust verliere und umkehre, bevor ich am Gipfel war.

Vertraue ich mich dem Wissen und der Führung derer an, die vor mir schon oben waren, befrage ich sie und studiere ihre Beschreibungen und tue mich dann für den Aufstieg mit ein paar bergerfahrenen Freunden zusammen, dann wird mir der Aufstieg gewiss einfacher, sicherer und schneller gelingen.

In meiner Vorstellung war spirituelle Praxis ein abgehobener Vorgang, ein schillerndes Paket geheimnisvoller, esoterischer Übungen, und als Ziel dieser Übungen dachte ich mir einen sagenhaften, paradiesischen Ort, irgendwo anders, jenseits dieser Welt.

Erst durch die jahrelangen, geduldigen Unterweisungen meiner verehrten Lehrer beginne ich langsam, Stück für Stück zu begreifen, dass die „innere Arbeit" hier und jetzt beginnt, inmitten meiner Verwirrung, und dass es nicht darum geht, am Ende mit Heiligenschein über einer Lotosblüte zu schweben. Es geht vielmehr darum, mein Herz zu öffnen, liebevoller und mitfühlender zu werden und Schritt für Schritt meine Ängste und Tragödien zu erkennen und über sie hinauszuwachsen. Mein ganzes Verständnis verdanke ich der Weisheit meiner Lehrer und der Anwendung der Methoden, die sie mich lehrten. Weisheit kommt nicht aus Büchern. Wir erhalten einen ersten Geschmack von ihr in der direkten Begegnung mit einem wachen Wesen. Diese Begegnung kann uns motivieren, die entsprechenden Methoden tatsächlich anzuwenden und uns Schritt für Schritt selbst immer wacher und aufmerksamer zu bewegen.

Sangha meint also zunächst all jene, die Buddhanatur als ihre eigentliche Identität anerkannt haben und deren Sein lebendiger Ausdruck dieses Verständnisses ist, alle Buddhas und Bodhisattvas. Ein Buddha ist wie ein Spiegel, in dem wir unser eigenes wunderbares Buddhapotenzial erkennen können und der uns darüber hinaus offenbart, wie wir dieses Potenzial verwirklichen können.

Sangha sind aber auch all jene, deren Leben noch ein Ringen um dieses Verständnis ist, alle, die sich bemühen, das Mysterium der Bewusstheit zu verstehen und ihr Leben im Einklang damit zu leben. Jeder, der mir auf irgendeine Art dabei hilft, mein Buddhasein zu manifestieren, ist Teil meiner Sangha, meiner spirituellen Familie. Ohne diese Freundinnen und Freunde auf dem Weg kann die innere Arbeit zuweilen etwas mühsam und einsam sein.

Ich saß jahrelang allein auf meinem Kissen herum. Tag für Tag, Woche für Woche, Monat für Monat, Jahr für Jahr. Ein Alien, das sich täglich zurückzieht, um im Schneidersitz auf einem Kissen zu sitzen und die Wand anzustarren. Ein Freak, der sich hunderttausend Mal der Länge nach vor dem Bild eines blauen Buddhas auf den Boden wirft.

Es ist etwas anstrengend, immer der Freak zu sein, also begab ich mich auf die Suche nach anderen Freaks, nach einer „Sangha". Ich sah mir verschiedene buddhistische Gruppen an und lernte eine ganze Menge dabei. Aber überall war ich der Jüngste, und ein Fünfundzwanzigjähriger hat auch noch andere Themen im Kopf als die „wahre Natur des Geistes". Ich blieb auch in der Sangha der Freak.

Also bat ich meinen Guru Ringu Tulku um seinen Segen, verputzte einen ungenutzten Raum in dem Haus, das ich bewohne, begann aus einer alten Decke ein paar Meditationskissen zu nähen, entwarf ein Logo, einen Flyer und – saß wieder allein in der Gegend herum, jetzt in meinem kleinen Selfmade-Tempel. Ab und zu kam ein Freund vorbei, um mit mir zu sitzen.

So saß ich das erste Jahr allein, manchmal zu zweit, in meinem Tempel. Irgendwann kam dann ein Dritter, ein Vierter ... und mittlerweile trifft sich immerhin eine Handvoll Freunde einmal in der Woche dort, um mit mir zu meditieren.

„Unser Glück, von der niedrigsten Sinnenlust bis hin zur ewigen Glückseligkeit der Befreiung und Erleuchtung, ist immer etwas, was wir nur in gegenseitiger Zusammenarbeit erreichen. Um Verwirklichung zu erlangen, müssen wir die richtige Atmosphäre schaffen. Wir tun dies, indem wir uns versammeln und unseren Geist gebündelt auf eine bestimmte Atmosphäre ausrichten."

Lama Thubten Yeshe, Vajrasattva [38]

Meine spirituelle Familie begann zu wachsen. Auf buddhistischen Lehrveranstaltungen und Retreats bin ich noch immer einer der Jüngeren, aber inzwischen treffe ich immer wieder Gleichaltrige dort, mit denen mich auch über eine ähnliche spirituelle Orientierung hinaus etwas verbindet. Und mittlerweile zähle ich auch junge Leute, die anderen spirituellen Traditionen folgen, zu meiner Sangha. Wir singen gemeinsam Hindu-Mantras, schwitzen und beten in der Schwitzhütte, meditieren, tanzen, trinken und machen Yoga. Es herrscht ein offener, ungezwungener Geist – wir lernen voneinander, inspirieren, korrigieren und motivieren einander. Und gerade der Blick über den eigenen Tellerrand hinaus, die offene Auseinandersetzung mit verschiedenen Traditionen der inneren Arbeit lässt mich immer feiner sehen und verstehen, was das Wesen dieser inneren Arbeit ist, was getan und gelassen werden muss und wohin dieser Weg uns zu führen vermag.

„Kommt zusammen, das kann keiner allein!"

2raumwohnung

Gemeinsam mit Freunden begann ich mit unterschiedlichen Veranstaltungsformaten herumzuexperimentieren, von Tages- und Abendveranstaltungen bis hin zu mehrtägigen kleinen Festivals. Mir war klar geworden, dass ich nicht der Einzige bin, der sich für Bewusstsein interessiert. Aber der Style vieler spiritueller Veranstaltungen spricht junge Leute oft einfach nicht sonderlich an. Schnell wird hinter Worten wie „Meditation" und „Geist" eine obskure New-Age-Esoterik vermutet. Hinzu kommt die vage Furcht, man müsse alles aufgeben und hinter sich lassen, was Spaß macht, oder man sei noch nicht lauter und rein genug, um sich hinzusetzen und zu meditieren. Oft begegnen mir diese zwei Vorbehalte: „Ich bin irgendwie noch nicht bereit, noch nicht rein genug" und „Spirituelle Praxis macht keinen Spaß und schließt alles aus, was Spaß macht."

Aber wir wissen nicht, was morgen ist, ob wir morgen noch die Möglichkeit haben, überhaupt irgendetwas zu tun. Darum sollten wir heute mit unserer spirituellen Praxis beginnen, so wie wir sind, mit all unseren Fehlern und Schwächen, und uns Schritt für Schritt in Richtung Zufriedenheit und Vollständigkeit bewegen.

Ich denke, es bringt nichts, wenn wir Teile unseres Menschseins einfach ignorieren und ausklammern und irgendeine vorgezeichnete Rolle spielen – hier wäre das die Rolle des cleanen, spirituellen Musterschülers. Wir sollten uns selbst und auch sonst niemandem etwas vormachen und einfach aufrichtig und authentisch sein. Wir alle sind „geistige Wesen", Spiritualität betrifft uns alle, nicht nur die, die sich auf eine bestimmte, „spirituelle" Art kleiden, ausdrücken oder ernähren, die immer sanft und leise sprechen und ihr ganzes Leben total im Griff haben.

Um also unseresgleichen den Zugang zu erleichtern, waren Partys, Tanz, Musik und Rausch von Anfang an Teil unseres Veranstaltungskonzepts. Ein paar Tage oder zumindest einen Nachmittag zusammen meditieren, Yoga machen, schwitzen und singen, dann zu elektronischer Musik tanzen, bis die Sonne aufgeht. Das Motto war also: Erst die (innere) Arbeit, dann das Vergnügen.

Diese Arbeit davor verwandelt die Qualität des Feierns. Es tanzt und trinkt sich anders mit Leuten, mit denen man zuvor in der Schwitzhütte und auf dem Kissen saß. Die Atmosphäre auf solchen Festen ist viel wacher, entspannter und gleichzeitig viel euphorischer. Alle sind einander viel näher und teilen mehr miteinander als Rausch und Musik. Und die Partys erleichtern wiederum vielen jungen Erwachsenen den Zugang zu einem Themenfeld, für das sie sich zwar interessieren, das sie aber dennoch mit einem gewissen Argwohn beäugen.

Du bist rein genug, gut genug, so wie du bist. Fang einfach heute damit an, dein eigenes Wesen zu ergründen – wir können nur da losgehen, wo wir gerade stehen! Dein Leben wird nicht ärmer werden, sondern reicher, wenn du ihm mehr Tiefe erlaubst.

Ich denke, wir müssen uns gar nicht entscheiden: entweder spirituell oder weltlich. Es geht darum, alles, was wir tun, liebevoller und bewusster zu tun. Ob etwas heilsam oder unheilsam ist, das liegt nicht so sehr in der Sache selbst, sondern an unserem Maß und unserer Motivation. Alles, was wir übertreiben, wird uns vermutlich auf Dauer schaden und wird zu einem Trip, anstatt Ausdruck unserer liebevollen Wachheit zu sein.

Selbstverständlich ging ich, bevor wir mit den ersten Events starteten, zu meinem Guru Ringu Tulku Rinpoche und fragte ihn nach seiner Meinung zu diesen Vorhaben. Er sagte: „This is very good. But you have to make the party, it's very important."

Versammelt euch, um gemeinsam die große Frage von Leben und Tod zu klären. Sangha, die Gemeinschaft für innere Arbeit, hat einen außerordentlichen Stellenwert im buddhistischen Geistestraining. Sie ist eine der „drei Juwelen", der „drei Kostbarkeiten" Buddha, Dharma und Sangha und auf dem inneren Weg daher von gleicher Bedeutung und Wichtigkeit wie Buddha und Dharma. Allein werden wir keine Erleuchtung verwirklichen, es gibt keinen Buddha, der isoliert vom Rest der Welt existiert, und kein Dharma, keine spirituelle Praxis, die im Alleingang gemeistert werden kann.

> *„Das Buddhadharma hängt von spirituellen Freunden ab."*
>
> *Prajnaparamitasamcayagatha* [39]

Sangha ist das Feld, auf dem die Buddhasaat keimen, reifen und fruchten wird, wenn wir uns mithilfe der befreienden Information und Methodik, dem Dharma, darum kümmern und sorgen. Die innere Reise beginnt also damit, dass wir den Blick nach innen wenden, auf die einfache, raumgleiche Wachheit, die die Basis unserer gesamten Erfahrung ist. Dann suchen wir uns Reisegefährten, die uns auf diesem Weg inspirieren und korrigieren, und eignen uns gemeinsam Wissen und Methoden an, um unser Buddhasein, unsere ursprüngliche Bewusstheit, zu realisieren und auszudrücken.

Hingabe und Entsagung

„Entsagung" ist kein sonderlich populärer Begriff, zumal in unserem konsumorientierten, extrovertierten Wertesystem. Entsagung klingt langweilig, nach Spaßverzicht, freudlos, fanatisch und altmodisch. Nun kommt man als Buddhist an diesem etwas verstaubten Begriff allerdings nicht vorbei. Entsagung scheint ein wesentliches Element im Leben des Buddha gewesen zu sein.

Der Buddha kam etwa 500 vor Christus als Prinz eines kleinen, nordindischen Königreichs zur Welt. Viele wunderbare Begebenheiten werden um seine Geburt herum erzählt. Unter anderem prophezeite ein alter Brahmane dem König, dass sein Sohn entweder zu einem großen Herrscher heranwachsen würde oder zu einem außerordentlichen Heiligen. Der König hatte natürlich so seine Vorstellungen bezüglich der Zukunft seines einzigen Sohnes, und um ihn davor zu bewahren, sich irgendwann als Bettelmönch auf die Suche nach dem Wunderbaren zu begeben, umgab er ihn mit dem ganzen unerhörten Luxus eines indischen Maharadschas.

So verlief das Leben des jungen Prinzen recht eintönig. Er wuchs im Schutz prächtiger Paläste und Parkanlagen heran, und sein Vater achtete peinlich darauf, dass kein noch so geringer Eindruck von Leid und Hinfälligkeit das selige Leben des Prinzen überschattete. Bis hinein in sein dreißigstes Lebensjahr war das Dasein des späteren Buddha ein einziger ausgedehnter Sinnesgenuss, und er hatte nicht einmal einen vagen Begriff von Alter, Krankheit und Tod.

Irgendwann schien ihn der ganze Luxus zu langweilen und er beschloss, sich die Welt jenseits der Palastmauern anzusehen. Sein Vater ließ die Stadt säubern, um die Illusion ewiger Jugend und Annehmlichkeit aufrechtzuerhalten. Dennoch begegnete der verwöhnte Prinz am Ende des Ausflugs einem alten Menschen. Diese Begegnung stürzte ihn in eine tiefe Krise. Auf zwei weiteren Ausfahrten wurde er darüber hinaus mit Krankheit und Tod konfrontiert und diese Erfahrung menschlichen Leidens und menschlicher Hinfälligkeit berührten ihn derart, dass er beschloss, dieser flüchtigen Welt des Vergnügens den Rücken zu kehren und als Wanderasket nach Erlösung zu suchen. Nach Jahren der Suche und Entbehrung wurde er im Schatten des berühmten Bodhibaumes in Bodhgaya schließlich zum Buddha.

Seiner Erleuchtung folgten vierzig Jahre intensiver Lehrtätigkeit. Zwar beschreibt der Buddha einen „mittleren Weg", jenseits von Weltflucht und Weltsucht, dennoch macht der Orden, den er organisierte, auf den modernen Menschen einen ziemlich asketischen Eindruck.

Mal im Ernst – wer von uns ist tatsächlich bereit, seine Handvoll Luxus aufzugeben? Wer kann sich vorstellen, ohne Auto, Zentralheizung, Spülmaschine und Satellitenfernsehen zu leben? Und müssen wir etwa, um gute Buddhisten zu sein, unsere Familien verlassen, unser Haus verkaufen, unser Vermögen den Armen schenken und uns eine Höhle im Himalaya suchen?

Ich denke nicht. Wenn der Buddha von Entsagung spricht, dann bezieht sich das wahrscheinlich nicht so sehr auf unseren

Besitz, als vielmehr auf unsere Haltung dazu und auf unseren Umgang damit.

Solange ich denke, mein Glück und Wohlergehen sei abhängig von meinem Nettoeinkommen, bin ich ein Sklave der Zahlen auf meinen Kontoauszügen. Wenn dann meine Firma bankrottgeht, wenn mich mein Boss vor die Tür setzt, dann wird mich das unweigerlich in tiefe Verzweiflung stürzen.

Ich habe einen Freund, einen langjährigen Schulfreund, der Lebenssinn und -wert gänzlich in seinem Wohlstand und Komfort vermutet. Er fährt in einem silbernen Audi durch die Gegend, dessen Decke nicht berührt werden darf, weil Berührungen Flecken hinterlassen könnten. Seine familiäre Situation erlaubt es ihm, ein verhältnismäßig komfortables Leben zu führen, ohne allzu viel zu arbeiten. Er hat sich ausgerechnet, dass er diesen Lebensstil, gestützt auf sein zu erwartendes Erbe, aufrechterhalten kann, bis er sechzig ist. Dann wird er sich, seiner heutigen festen Überzeugung nach, das Leben nehmen. Weil ein Leben ohne Audi und Co. ihm nicht lebenswert erscheint. Aufgrund dieses heroischen Lebensentwurfs hat er auch beschlossen, keine Kinder in die Welt zu setzen. Seiner Freundin, die selbstverständlich bis zum Tag X sein Leben mit ihm teilen wird, lässt er die Wahl, ihm in den Tod zu folgen oder ohne ihn weiterzuleben. Lieber tot als arm!

Vielleicht ein extremes Beispiel, aber: Besitz verpflichtet. Je mehr wir besitzen, umso mehr Aufmerksamkeit verlangt dieser Besitz. In einem Völkerkundemuseum sah ich einmal eine Zusammenstellung der Grabbeigaben eines indigenen Südamerikaners. Ein Bogen, zwei Tongefäße, Federschmuck und eine bunte Decke, die gesamte Habe des Verstorbenen. Man stelle sich nun vor, man würde einem durchschnittlichen Mitteleuropäer seinen kompletten Besitz mit ins Grab geben; riesige Friedhöfe wären nötig und schwere Baumaschinen, die baugrubenartige Gräber ausheben.

Besitz belastet. Je mehr Dinge in meinem Zimmer herumstehen, umso mehr muss ich putzen und aufräumen. Der Erwerb von Dingen, ihr Erhalt und ihre Entsorgung – der ganze Vorgang des Besitzens kostet Zeit und Aufmerksamkeit. Und was erhalten wir unsererseits dafür? Lebensfreude? Zufriedenheit? Glück?

Ringu Tulku Rinpoche musste als Vierjähriger zusammen mit seiner Familie von Tibet nach Indien fliehen. Die Flucht dauerte vier Jahre. Sie wurden von chinesischen Soldaten beschossen und konnten sich nur in der Nacht bewegen, tagsüber mussten sie sich verstecken. Nach vier Jahren kamen sie endlich in Sikkim (einem Bundesstaat in Nordostindien) an, ohne Geld, ohne Besitz. Sie hatten davor noch nie Bananen gegessen oder eine Bank betreten. Trotz ihrer Armut waren sie aber guter Dinge, und heute ist einer von Rinpoches Brüdern unter anderem Hotelchef in Gangtok (der Hauptstadt von Sikkim), der andere ein berühmter Thanka-Maler (Thankas sind traditionelle tibetische Seiden-Rollbilder, auf denen zumeist Buddhas, Bodhisattvas oder große Meister der Vergangenheit abgebildet sind).

Spätestens dann, wenn ich meine geliebte Habe verliere, bleibt nichts als Frustration und Enttäuschung zurück. Und ich *werde* sie verlieren. Kaum etwas von dem, was ich heute besitze, wird man mir später mit ins Grab geben können, weil der Großteil davon lange davor seinen Weg auf die Mülldeponie finden wird.

Vor zwei Jahren beschloss ich, mir einmal ordentliches Schuhwerk zu kaufen. Ich investierte ein Drittel meines Monatslohns in ein solides Paar Stiefel und dachte mir: So, die nächsten fünf bis zehn Jahre hab ich meine Ruhe, was Schuhe betrifft. Inzwischen lösen sich die ersten Nähte meiner Superstiefel auf, sie könnten eine Generalüberholung vertragen. Auch diese Stiefel waren wohl nicht für die Ewigkeit gemacht.

Remember: *Alle* Phänomene sind durch und durch instabil.

Also zurück zur Entsagung. Entsagung betrifft meine Erwartung bezüglich der Phänomene, meine Erwartung, sie würden mich dauerhaft glücklich machen und mir nachhaltig das Leben versüßen.

Das soll nicht heißen, dass ich mich nicht an den Ereignissen und Dingen erfreuen darf. Ich darf mich erfreuen am Anblick und Duft einer Frühlingswiese, an gutem Essen und gutem Sex – ich darf genießen! Problematisch wird es dort, wo ich von diesen Dingen abhängig werde und wo ihr Verlust mich leiden lässt. Entsagung meint eine der Wirklichkeit entsprechende Korrektur meiner Erwartung, einen realistischen Blick auf die instabile Welt der Phänomene.

Eine Schale, ein Gewand. Das ist der traditionelle Besitz eines buddhistischen Mönchs. Fühlt sich für mich nach Freiheit und Ungebundenheit an. Tatsächlich war mein Besitz bisher immer recht überschaubar. Seit Jahren improvisiere ich unterhalb der Armutsgrenze herum („Armutsgrenze" klingt in meinen Ohren ungeheuerlich, ist für mich ein sehr relativer, nebulöser und irreführender Begriff). Oft weiß ich nicht genau, wo im nächsten Monat das Geld herkommen wird – für Essen, Schule, Miete, Krankenkasse ... aber bisher kam es *immer*! Ich habe keine großen Schulden, musste noch nie hungern und lebe auch nicht auf anderer Leute Kosten (obwohl mein sparsamer Lebensstil sowohl den anderen als auch mir selbst schon mal auf die Nerven geht). Aber inzwischen vertraue ich darauf, dass im richtigen Moment irgendein Job getan werden muss und dass das nötigste Geld irgendwie zusammenkommt, und bin in dieser Hinsicht meist ziemlich entspannt. In Wirklichkeit brauchen wir gar nicht so viel. Essen, Kleidung, ein Dach über dem Kopf ... Denn: Unser eigentlicher Reichtum liegt nicht irgendwo draußen in der Welt herum!

Entsagung hat etwas mit Genügsamkeit zu tun, bedeutet aber nicht, dass du die schönen, angenehmen Dinge dieser Welt nicht mehr genießen darfst. Der Buddha predigte keine Freudlosigkeit, sondern zeigte einen Weg zur Glückseligkeit. Dieser Weg zur Glückseligkeit ist ein Weg der Unabhängigkeit. Entsagung ist Unabhängigkeit von dem Auf und Ab äußerer Umstände, von Gewinn und Verlust, Ruhm und Schande, Lob und Tadel, Freude und Leid. Jenseits dieser andauernden Stressfaktoren öffnet sich das Tor zum Garten der Glückseligkeit. Der Schlüssel für dieses Tor ist Hingabe. Hingabe an den unversiegbaren Quell wahren Glücks: einfache, offene Bewusstheit.

„Zurück in meiner Einsiedelei mit gefüllter Reisschale.
Jetzt nur noch das sanfte Schimmern des Zwielichts.
Umgeben von Berggipfeln und spärlich verstreuten
  Blättern.
Im Wald fliegt eine Winter-Krähe."

Ryokan[40]

Entsagung positiv formuliert ist: Hingabe. Ich gebe mich hin, der Einzigartigkeit und Schönheit des Moments. Ohne etwas zu sparen, etwas für übermorgen aufzuheben, etwas zu konservieren. Ich halte *nichts* zurück, sondern gebe mich hin. Schönheit ist wie Tau auf den Gräsern am Morgen.

Hingabe ist Genuss, die Würdigung dessen, was ist. Wenn wir uns hingeben, zelebrieren wir das Leben – und Leben ist jetzt, in diesem Moment, nicht gestern, nicht morgen, immer nur jetzt, jetzt. Und wir haben nur Anteil daran, wenn wir ganz wach und bewusst sind.

In diesem Sinne ist Zuflucht zu Buddha, Dharma und Sangha Entsagung und Hingabe. Wenn wir Zuflucht nehmen, dann entsagen wir der irrigen Annahme, im flüchtigen Tanz der Phänomene sei ein dauerndes, stabiles Glück zu finden. Wir geben uns rückhaltlos hin, an die wache, offene Weite des Augenblicks.

Im einfachen, schlichten Ritual der Zufluchtnahme unterstreichen wir Morgen für Morgen, Tag für Tag unseren schlichten Akt der Entsagung/Hingabe und durchschreiten die Pforte, die uns in die weiten, offenen Innenwelten, die reinen Buddhaländer führt. Morgen für Morgen entscheiden wir uns so für Freiheit und Weite, und wir entscheiden uns gegen andauernde Enttäuschung und Beschränktheit.

Immer wenn wir Zuflucht nehmen, vertiefen wir diesen heilsamen Eindruck ein klein wenig. Wieder und wieder und wieder entscheiden wir uns für die einfache, offene, raumgleiche Wachheit unseres Buddhaseins. Zufluchtnehmen ist Loslassen. Immer wenn wir Zuflucht zu Buddha, Dharma und Sangha nehmen, öffnen wir den Klammergriff unserer Faust und lassen los.

Also: Sitze aufrecht und entspannt, lege deine Handflächen vor der Brust aneinander und singe mit ruhiger Stimme:

„Buddham saranam gacchami
Dhammam saranam gacchami
Sangham saranam gacchami."

Buddhistisches Gebet der dreifachen Zufluchtnahme

Bodhichitta – der wache Geist

„Mögen alle Wesen glücklich sein!"

Buddhistisches Gebet

Bodhichitta ist der zentrale Begriff des Mahayana-Buddhismus. Bodhichitta wird in der Regel mit „Erleuchtungsgeist" übersetzt und meint in diesem Sinne, Wunsch und Wille, zum Wohle aller Wesen, Buddhasein zu verwirklichen.

*„Wenn das Verdienst des Erleuchtungsgeistes Substanz
hätte, würde es noch viel mehr als den ganzen Himmelsraum füllen."*

Viradattagrhapatipariprcca Sutra [41]

„Bodhichitta ist wie der Same aller Buddhaqualitäten."

Gandhavyuha Sutra [42]

Bodhichitta ist ein Sanskritbegriff und setzt sich zusammen
aus *bodhi*, „Erleuchtung", „Erwachen", „Wachheit", und *chitta*,
„Herz", „Geist", „Bewusstsein". Bodhichitta bedeutet also „er-
wachter Geist" oder schlicht „wacher Geist". Wie viele Sanskrit-
begriffe ist aber auch das Wort Bodhichitta reich an Bedeutung.
Es umfasst und enthält die ganze Essenz des buddhistischen
Schulungsweges. Man kann es getrost als Synonym für Buddhanatur verwenden, und in diesem Sinne ist Bodhichitta die
Grundlage des Buddhaweges.

Letztlich geht es in jeder buddhistischen Praxis um nichts anderes als um Bodhichitta, den wachen Geist. Bodhichitta ist also
im eigentlichen Sinne die Methode, der Weg und darüber hinaus
das Ziel oder Resultat des spirituellen Weges. Der Buddhismus
lehrt uns zu werden, was wir sind: Buddhas. Der Begriff „Bodhichitta" umfasst also Grund, Pfad und Ziel der inneren Arbeit.

*„Was ist die Essenz der buddhistischen Lehren?
Bodhichitta.*

Die Lehren auf dem Pfad aller Buddhas der drei Zeiten
zu ihrer Essenz zusammengefasst, das ist: Bodhichitta."

H. E. Garchen Rinpoche [43]

Absolutes und relatives Bodhichitta

Um ein klareres Verständnis zu ermöglichen, ist von „absolutem Bodhichitta" und von „relativem Bodhichitta" die Rede. Absolutes Bodhichitta weist auf Shunyata hin, auf Leerheit, auf den letztendlichen, absoluten Aspekt der Wirklichkeit. Absolutes Bodhichitta ist also Weisheit im eigentlichen Sinne. Ich werde im nächsten Kapitel mehr dazu sagen, wenn es um die „Sicht" geht.

Relatives Bodhichitta verweist mehr auf das methodische Vorgehen, auf die vorläufigen oder relativen Aspekte der Wirklichkeit. Relatives Bodhichitta meint „geschickte Methode" oder ganz einfach Mitgefühl. Absolutes und relatives Bodhichitta beschreiben also das ganze Buddhasein und -werden. Buddhaschaft kann also als Einheit von Mitgefühl und Weisheit definiert werden.

Relatives Bodhichitta wird nochmals unterteilt in Bodhichitta der Absicht und Praxis-Bodhichitta. Ersteres meint den Wunsch, Buddhaschaft zum Wohle aller Wesen zu verwirklichen. Dieser Wunsch ist das eigentliche Tor zum Mahayana, zum „Großen Fahrzeug". In ihm drücken sich sowohl Weisheit, das Wissen um die absolute wechselseitige Verbundenheit und

Abhängigkeit allen Seins aus als auch Mitgefühl, Erleben und Ausdruck dieser absoluten Verbundenheit.

Haben wir mit der Zuflucht bereits das erste Tor zur inneren Dimension unseres Seins passiert und so zum Ausdruck gebracht, dass wir fortan unseren Buddhasamen hegen und pflegen wollen, so durchschreiten wir mit diesem Wunsch, zum Wohle aller Wesen ein Buddha zu werden, die Pforte zum Allerheiligsten. Zuflucht macht dich zum Buddhisten, Bodhichitta zum Bodhisattva.

Das Wissen um die absolute wechselseitige Vernetzung allen Lebens, um unsere absolute Verbundenheit mit allen Wesen, ist die große Weisheit eines Buddhas. Kultivieren wir also den Wunsch, unser Buddhasein zum Wohle *aller* Wesen zu verwirklichen, dann zeigt sich darin bereits unsere ureigene Buddhaweisheit.

An den Anfang unserer „Karriere" als Buddhas setzen wir daher den Wunsch aufzuwachen, wach zu sein. Aber nicht aus schnödem Eigeninteresse, um dem samsarischen Schlamassel zu entgehen und in einem Zustand der Leidfreiheit zu verdampfen, sondern um *allen* Wesen damit einen Gefallen zu tun. Tatsächlich ist das der einzige Gefallen, den wir der Welt tun können: unseren Platz einzunehmen, den „Löwenthron" zu besteigen und zu werden, was wir sind.

Wir sind Buddhas. Buddhasein ist unsere eigentliche Mission, nicht mehr, nicht weniger. Solcherart erfüllen wir unseren Daseinszweck, und wir drücken dies aus, indem wir uns wünschen, zum Wohle aller Buddhas zu werden.

Nun ist es mit dem Wunsch allein, mit dem Bodhichitta der Absicht, nicht getan. Zwar heißt es, dass schon dieser schlichte Wunsch, ein einziges Mal ernsthaft, von Herzen gewünscht, eine nicht zu unterschätzende heilsame Wirksamkeit entfalten wird. Um jedoch tatsächlich im Prozess unseres Buddhawerdens voranzukommen, brauchen wir Praxis-Bodhichitta. Wir müssen handfeste Maßnahmen ergreifen, das heißt, wir müssen uns auch benehmen wie ein Buddha.

Wenn wir nach Indien wollen, dann reicht es natürlich nicht aus, Bildbände durchzublättern, Reiseführer zu lesen und die Absicht zu wiederholen: Wir werden nach Indien reisen! Wenn wir es ernst damit meinen, müssen wir ein Visum beantragen, einen Flug buchen und hinfliegen. Wenn also dieser hehre Wunsch, zum Wohle aller ein Buddha zu werden, in uns lebendig wurde, geht es darum, unser Buddhasein tatsächlich Schritt für Schritt zu verwirklichen. Wesen, die das tun, nennt man „Bodhisattvas".

Die vier Unermesslichen

Die Brahmaviharas oder „vier unermesslichen Geisteshaltungen" beschreiben die Geisteshaltung eines Bodhisattvas, das Gefühl, mit dem er den Wesen begegnet. Dieses Gefühl ist Wohlwollen. Ein Bodhisattva begegnet *allen* Wesen *immer* mit Wohlwollen. Um ein detailliertes, exaktes Verständnis dieses Wohlwollens zu ermöglichen, wird es auf vierfache Weise beschrieben. Die „vier Unermesslichen" sind vier Aspekte dieser Sympathie.

Liebe: Der erste dieser vier Aspekte ist Liebe. Liebe meint in diesem Zusammenhang schlicht den Wunsch, dass das andere Wesen glücklich ist. Von „unermesslicher Geisteshaltung" ist die Rede, weil sich dieser Wunsch auf *alle* Wesen bezieht, bedingungslos und uneingeschränkt. Es spielt keine Rolle, was ein Wesen getan oder nicht getan hat, der Bodhisattva wünscht ihm einfach, dass es glücklich ist. Und zwar wünscht er den Wesen unbedingtes, unerschöpfliches Glück, eben jene Art von Glück, das ein Buddha erlebt und genießt, jenes Glück, das wir erfahren, wenn wir ganz wach und bewusst sind.

Als Bodhisattvas wünschen wir den Wesen dieses Glück und darüber hinaus ein Verständnis der Ursachen dieses Glücks. Versteht jemand die Ursachen und Bedingungen wahren Glücklichseins bzw. den Komplex von Faktoren, die ihn in seinem ursprünglichen Glücklichsein blockieren, dann befähigt ihn das, dieses Glück wieder und wieder zu erfahren.

Ich möchte hier eine weitere Definition von Liebe wagen. Eine Definition, die mich seit vielen Jahren begleitet und inspiriert. Ich war einmal drei Wochen lang Praktikant in einer psychiatrischen Klinik. In der Kunsttherapie begegnete mir ein Patient, fast siebzig Jahre alt, mit dem Ausdruck eines Kindes in den Augen. Er malte Wasserfarbenbilder, ganz auf die Art, wie Kinder malen, und am Ende der Stunde kam er zu mir, um mir eines der Bilder zu schenken. Ich bat ihn, noch ein, zwei Sätze dazuzuschreiben, und er schrieb unter anderem: *Liebe ist die Freude am Schönen!* Für mich ist dieser Satz nach wie vor das Klarste und Schönste, was ich je über die Liebe gehört habe.

Um uns an der Schönheit zu erfreuen, der Schönheit eines Wesens, müssen wir diese Schönheit erst einmal sehen. Jedes Wesen ist schön, ist Ausdruck und Manifestation des Lebens. Aber allzu oft sind wir einfach nicht in der Lage, diese Schönheit wahrzunehmen.

Um Schönheit zu bemerken, müssen wir uns für einen Moment aus dem Klammergriff unserer Selbstbezogenheit befreien und uns ganz in der Würdigung des anderen verlieren. Gelingt es uns dann, uns an der Schönheit des anderen zu erfreuen, dann sind wir mitten in der Aktivität, die wir Liebe nennen.

Mitgefühl: Der zweite Aspekt ist Mitgefühl. Mitgefühl meint hier den Wunsch, dass die Wesen frei von Leid sind. Wieder bezieht sich dieser Wunsch auf alle Wesen zu jeder Zeit und auch auf die Freiheit von den Ursachen des Leidens und auf die Kenntnis dieser Ursachen. Wie bereits beschrieben, ist die primäre Ursache allen Leidens Selbstbezogenheit und daraus geborenes Kleben und Klammern. Mitgefühl ist daher der Wunsch, alle Wesen mögen immer frei von Selbstbezogenheit sein.

Schau dir die Wesen an – deine Familie, deine Freunde, Nachbarn, Kollegen, die Leute in der U-Bahn, im Supermarkt, in den Tagesnachrichten, alte Menschen, Kinder, enttäuscht, verletzt und verlassen, hungernd, krank, sterbend –, schau dir an, wie sie leiden!

Um mitfühlen zu können, müssen wir den anderen sehen, ihn in seinem Leid, in seiner Hilflosigkeit und Ungeschicklichkeit wahrnehmen. Und wenn wir die Wesen so sehen, gefangen in klebrigen Netzen der Frustration, dann wird spontan und natürlich Mitgefühl in uns erwachen.

Dieses Mitgefühl wird sich spontan in selbstlosen, offenen Momenten ereignen. Wahres Mitgefühl ist völlig frei von Stolz und Überheblichkeit. Es ist der spontane Ausdruck von Weisheit (des Wissens um unsere fundamentale Verbundenheit mit allen Wesen) im Angesicht von Leid. Wir alle *sind* mitfühlende Wesen. Lediglich unsere Verkapselung in Selbstbezogenheit verhindert die emphatische Empfindung und lässt uns dem Leid eines anderen gleichgültig begegnen.

Es gibt kein Wesen, das leiden will! Alle Wesen wollen glücklich sein. Selbst Masochismus ist nur ein ungeschickter, verzweifelter Versuch, glücklich zu werden. Der Masochist erhofft sich Befriedigung aus seinem Leid.

In ihrem Sehnen nach Glück und Zufriedenheit gleichen sich alle Wesen. In all unserem Tun drückt sich unser Streben nach Glück und Zufriedenheit aus. Solange wir jedoch in Selbstbezogenheit verharren, wird selbst unser Streben nach Glück immer nur weitere Frustration für uns und andere kreieren.

Mitfreude: Mitfreude ist der dritte Aspekt von Sympathie. Unser empathisches Einfühlungsvermögen beschränkt sich nicht auf Mitleid; wir sind auch fähig, die Freude des anderen zu sehen und mit zu empfinden.

Verkapselt in Selbstbezogenheit reagieren wir auf die Freude und das Glück anderer allerdings oft mit Neid und Eifersucht. Anstatt an der Freude anderer teilzuhaben, begeben wir uns mit den Gefühlen des Neids und der Eifersucht weiter hinein in das Erleben von Minderwertigkeit und Isolation.

Für den Bodhisattva sind Freude und Glück anderer stets Anlass zur Mitfreude. Mitfreude ist ein spontaner, natürlicher Ausdruck unserer Buddhaweisheit, dem Wissen um unser fundamentales Verbundensein und aufeinander Bezogensein.

Nur aus der Enge der Selbstbezogenheit heraus reagieren wir neidisch auf die Freude eines anderen Wesens. In Momenten der Weite, Offenheit und Verbundenheit sind wir stets Teilhaber an der Freude *aller*, und durch unser Teilhaben vermehren wir die Freude, anstatt ihren Fluss durch unsere Missgunst zu blockieren.

Gleichmut: Der vierte Aspekt von Sympathie ist Gleichmut. Es mag zunächst befremden, Gleichmut in eine Reihe mit Liebe, Mitgefühl und Mitfreude zu stellen, als eine von vier Nuancen der Sympathie. Wie bereits angedeutet, ist Buddhaschaft definiert als Einheit von Liebe und Weisheit.

Buddhaweisheit bezieht sich auf die absoluten Aspekte der Wirklichkeit. Sie ist das Wissen um die letztendliche Leerheit der Phänomene, das Wissen, dass letztlich kein isoliertes Sein existiert, sondern dass alle Wesen und Phänomene nur in Wechselwirkung und Beziehung zueinander bestehen.

Sympathie nun ist der spontane, natürliche Ausdruck dieses

Wissens auf der relativen Ebene der vielfältigen Erscheinungen. Liebe, Mitgefühl und Mitfreude, kurz Sympathie ist die emotionale Reaktion eines Buddha auf Freude und Leid der Wesen. Aus dieser Empfindung des Wohlwollens heraus ist er in der Lage, stets angemessen und verhältnismäßig auf die Bedürfnisse der Wesen zu reagieren, immer hundertprozentig der Situation entsprechend. Die Sympathie eines Buddhas ist also kein blindes Wohlwollen, sondern der tätige Ausdruck seines grundlegenden Verständnisses.

Und damit kommen wir zum Gleichmut. Er bezieht sich auf diesen Weisheitsaspekt des Buddhawohlwollens. Gleichmut meint natürlich nicht Gleichgültigkeit. Vielmehr beschreibt Gleichmut hier eine Art Offenheit und Geduld. Gleichmütig begegnen wir *allen* Wesen mit dem gleichen Wohlwollen. Unsere Sympathie beschränkt sich nicht auf Einzelne und nicht auf eine bestimmte Gruppierung von Wesen wie Familie, Freunde und „Stammesmitglieder". Und sie ist bedingungslos, unabhängig davon, was ein Wesen getan oder nicht getan hat. Wir sind gleichermaßen ausnahmslos mit allen Wesen verbunden, nicht nur mit einigen wenigen und nicht nur dann, wenn sie sich entsprechend unseren Vorstellungen verhalten.

Darüber hinaus hilft uns der Gleichmut, den Wesen unabhängig von unserer eigenen momentanen Verfassung mit Sympathie zu begegnen. Wenn uns jedes unerfreuliche Ereignis aus der Fassung bringt, dann sind wir in der Regel derart mit uns selbst beschäftigt, dass es wenig Raum für Sympathie gibt. Je gleichmütiger wir annehmen können, was uns von Moment zu

Moment widerfährt, umso mehr Raum wird sein, um andere Wesen in *ihrer* Befindlichkeit sehen und ihnen mit Sympathie begegnen zu können.

Zu guter Letzt bewahrt uns Gleichmut davor, uns in den Gefühlen von Liebe, Mitgefühl und Mitfreude zu verlieren. Gleichmut verhindert, dass Liebe zu Anhaftung und Gier wird und dass wir uns mitleidig in das Leid anderer verstricken und dieses Leid so zu unserem eigenen Leid machen. Freude und Leid der Wesen haben relative Wirklichkeit. Letztendlich gleichen sie jedoch dem flüchtigen Tanz der Wellen an der Oberfläche des Meeres. Gleichmut ist die Weisheit, die das versteht, der umfassendere, tiefere Blick, der uns davor bewahrt, in vorübergehenden emotionalen Stürmen verloren zu gehen.

Liebe, Mitgefühl, Mitfreude und Gleichmut sind nicht vier unterschiedliche, klar voneinander zu trennende Regungen, sondern sie sind Facetten einer Geisteshaltung, der Geisteshaltung, die ich als Wohlwollen, als Sympathie bezeichne.

Dazu ein Exkurs: Ein isolierter Begriff ist wenig aussagekräftig. Begriffe werden erst in ihrer Beziehung zu anderen Begriffen bedeutungsvoll. Mit einem einzigen Ball zu jonglieren ist wenig beeindruckend. Erst das Jonglieren mit zwei, drei oder mehreren Bällen verdient wirklich die Bezeichnung Jonglage. Ähnlich taugen einsame, isolierte Begriffe nicht viel in unserem Versuch, uns gedanklich der Wirklichkeit anzunähern. Erst das Spiel mit einer Gruppe von Begriffen ermöglicht ein gewisses Verständnis. So sagt das Wort „Liebe" für sich allein nicht viel.

Es gewinnt erst Bedeutung, wenn beispielsweise gesagt wird: „Ich liebe dich."

Gerade Begriffe, die auf innere Realitäten hinweisen, nicht auf konkrete Objekte wie beispielsweise einen Baum, bleiben sehr beliebig und vielfältig ausdeutbar, wenn wir ihre Bedeutung nicht konkretisieren, indem wir sie mit anderen Begriffen umgeben.

„Liebe" kann sehr unterschiedliche Phänomene bezeichnen, je nachdem, ob wir beispielsweise das Wort „Sex" oder das Wort „Gott" oder das Wort „Mensch" dazupacken, oder ob wir „Liebe" in Beziehung zu „Aktivität" oder „Zustand" setzen.

In unserem Zusammenhang versuchen wir mit „Liebe" eine ganz bestimmte Art und Weise zu beschreiben, anderen Wesen zu begegnen. Um die Bedeutung des Wortes in unserem Zusammenhang zu konkretisieren und klarer zu definieren, umgeben wir es mit den Worten „Mitgefühl", „Mitfreude" und „Gleichmut". Behalten wir diese drei Begriffe im Bewusstsein, wenn wir das Wort „Liebe" denken, dann nähern wir uns dem an, was Liebe hier aussagen soll. Gleichermaßen helfen uns die Begriffe „Liebe", „Mitgefühl" und „Gleichmut", die hier definierte Bedeutung von „Mitfreude" zu erfassen. „Liebe", „Gleichmut" und „Mitfreude" lassen uns genauer verstehen, was „Mitgefühl" hier sagen will, und „Liebe", „Mitgefühl" und „Mitfreude" schärfen an dieser Stelle unser Verständnis von „Gleichmut". Alle vier Begriffe beschreiben unsere Bedeutung von „Sympathie", und „Sympathie" wiederum wird umfassender verständlich in Verbindung mit dem Begriff „Weisheit".

Diese Sympathie ist der spontane Ausdruck unserer Buddha-weisheit, und sie zeigt sich in *jedem* Moment, in dem wir frei von der grundlegenden Unwissenheit der Selbstbezogenheit sind. Potenziell ist diese Sympathie grenzenlos, wir begrenzen sie aber im selben Maß, in dem wir uns in Selbstbezogenheit verkapseln.

Sympathie muss daher nicht entwickelt oder erworben werden. Sie ist bedingungslos. Wir müssen uns lediglich von Selbstbezogenheit befreien.

Es gibt kein Wesen, das absolut selbstbezogen ist, es gibt also auch kein Wesen ohne Sympathie. Der Entschluss, diesen Samen der Sympathie zu pflegen, macht uns zum Bodhisattva. Und diesen Entschluss nennen wir „Bodhichitta der Absicht". Wir müssen uns keine Sorgen machen, wenn wir nicht auf Anhieb grenzenloses Wohlwollen empfinden, wenn wir nicht hier und jetzt in der Lage sind, *allen* Wesen gleichermaßen liebend zu begegnen. Der große Zen-Meister Shunryu Suzuki Roshi sagte einmal: „Am Anfang sind 10 Prozent Aufrichtigkeit genug."

Wir beginnen damit, den Wunsch in uns zu nähren, *allen* Wesen *immer* mit Wohlwollen zu begegnen. Wieder und wieder wiederholen wir diesen Wunsch, im Vertrauen darauf, dass es tatsächlich in unserer Natur liegt, die Wesen zu lieben. Und entsprechend unserer momentanen Kapazität versuchen wir in jeder tatsächlichen, konkreten Begegnung mit einem anderen Wesen, diesem Wunsch entsprechend liebevoll zu sein. Bodhichitta solcherart als Praxismethode, als Weg zu verwenden, ist „Praxis-Bodhichitta".

Bodhichitta der Absicht und Praxis-Bodhichitta zusammen ist relatives Bodhichitta: aktives Mitgefühl, der Wunsch, zum Wohle aller zu erwachen. Wie gesagt, ist dieser Wunsch, diese Sympathie ein spontaner, natürlicher Ausdruck unseres Wesens. Er wird lediglich durch unser Verharren in Selbstbezogenheit verhindert. Um dieser Selbstbezogenheit den Boden zu entziehen, benötigen wir eine Sichtweise, die uns verstehen lässt, dass kein Phänomen isoliert, aus sich selbst heraus besteht. Unser Selbst erscheint lediglich in Beziehung zur Welt und aufgrund von Zuschreibung. Es hat keine Realität in sich. Wir sind also tatsächlich bereits „selbstlos". Dieses Verständnis ist „absolutes Bodhichitta". Absolutes Bodhichitta ist gleichbedeutend mit dem Verständnis von Selbstlosigkeit und Leerheit, von Shunyata. Dieses Verständnis von Shunyata ist die Sichtweise eines Buddha und soll im nächsten Kapitel ausführlich beschrieben werden.

„Mögen alle Wesen glücklich sein
und die Ursachen von Glück schaffen.
Mögen sie alle frei sein von Leid
und frei davon, die Ursachen von Leid zu schaffen.
Mögen sie die große Freude erfahren,
die ungetrübt ist von Leid.
Mögen sie in grenzenlosem Gleichmut verweilen,
frei von Anhaftung und Abneigung."

Buddhistisches Gebet

Der Weg: Sicht, Meditation und Lebensführung

Ein kurzes Resümee zwischendurch. Wie also verwirklichen wir unser Buddhapotenzial? Mit der Zuflucht haben wir bereits unsere Aufmerksamkeit nach innen gewandt, auf unser Buddhawesen. Indem wir uns dann mitfühlend den Wesen öffnen (Bodhichitta), schaffen wir den nötigen Raum, die nötige Weite. Das Feld ist bestellt, der Same gesät, nun geht es an die Pflege der Saat, ans Jäten und Düngen.

An dieser Stelle sind alle Vorbereitungen erst einmal abgeschlossen, die eigentliche Arbeit beginnt. Egal was für eine Arbeit wir tun: Um erfolgreich sein zu können, brauchen wir zuerst ein entsprechendes Verständnis, darüber hinaus entsprechendes Geschick und entsprechende Übung, und dann müssen wir tatsächlich Hand anlegen.

Auch die innere Arbeit erfordert ein dreifaches Engagement. Die drei Ebenen, auf denen sich innere Arbeit vollzieht, sind Sicht, Meditation und Lebensführung. Alle drei bedingen und stützen sich gegenseitig. Sie sind wie die drei Räder eines Dreirads; wenn eines fehlt, dann fährt's nicht mehr und fällt um.

Das Ziel ist: glücklich und zufrieden zu sein. Es gehört also gewissermaßen zur Lebensführung. Um wirklich glücklich sein zu können, brauchen wir ein entsprechendes Verständnis – die Sicht. Und um dieses Verständnis in unserem Leben wirksam werden zu lassen, brauchen wir eine entsprechende Übung, die Meditation.

Um also das Glück unseres Buddhaseins genießen zu können, müssen wir wissen, dass wir Buddhas sind, und brauchen darüber hinaus eine Methode, die dieses Wissen in unsere Lebensführung trägt und uns befähigt, unser Buddhasein in unserem alltäglichen Leben auszudrücken.

Erfolgreiche Meditation beruht immer auf einer entsprechenden Sichtweise und auf einer angemessenen Lebensführung und ermöglicht zugleich beides: authentische Einsicht und einen authentischen Lebensentwurf. Sicht, Meditation und Handlung bedingen einander also und funktionieren letztendlich nur in Dreieinigkeit.

Sicht – der Blick eines Buddha

Das ganze buddhistische Geistestraining hat letztendlich ein Ziel: Glück. Diesem nachhaltigen, andauernden Glück stehen unsere irrealen Vorstellungen und Erwartungen im Weg. Um wirklich glücklich sein zu können, müssen wir daher unsere fehlerhafte Sichtweise korrigieren und lernen, die Welt so zu sehen, wie sie ist. Eine derartige realistische Sicht der Welt ist das zentrale Anliegen des Buddhismus.

Unser grundlegender Irrtum ist, dass wir die Welt als fundamental von uns getrennt erleben – ich hier drinnen und da draußen die Welt. Des Weiteren definieren wir uns im Verhältnis zu dieser Welt, die uns getrennt von uns selbst erscheint, und erleben uns als irgendwie fehlplatziert. Diese erlebte Fehlplatzierung führt dazu, dass wir uns selbst irgendwie falsch und mangelhaft fühlen.

Mithilfe des buddhistischen Geistestrainings nehmen wir schrittweise die Perspektive eines Buddha ein. Zunächst verstehen wir, dass wir selbst völlig in Ordnung sind, dass Buddhanatur unsere eigentliche Natur ist. „Sicht" ist also zunächst ein Verständnis von Buddhanatur.

Aber Buddhanatur ist kein Ding an sich, kein vom ganzen Rest getrenntes Etwas, sondern genau das verbindende Element. Buddhanatur kann niemals fehlplatziert sein, weil sie eben kein Ding ist, das anderen Dingen gegenübersteht. Hier kommt der Begriff des „Nichtselbst" (pali: *Annata*) ins Spiel. Unsere wahre Identität ist eine Nichtidentität. Wir sind nicht endgültig definierbar. Und ebenso wenig ist die Welt endgültig definierbar. Darüber, ob und wie die Welt existiert und ob und wie wir selbst existieren, lässt sich, wie bereits am Anfang dieses Buches beschrieben, keine endgültige Aussage machen. Die einzige Gewissheit, die wir haben, ist die, dass sich in diesem Moment Wahrnehmung ereignet.

Buddhanatur bezeichnet dieses wache, bewusste Sein, nichts dahinter oder darüber hinaus. Sie ist leer, jenseits von Definition, aber bewusst, wach. In dieser einfachen Wachheit gibt es keine Trennung zwischen dir und der Welt, keine Spaltung zwischen Subjekt und Objekt. Die ganze bunte Welt erscheint als Projektion dieser wachen Bewusstheit, aber weder der bunte Tanz der Phänomene noch das wahrnehmende Bewusstsein selbst hat eine eigenständige, unabhängige, stabile Existenz.

Um behelfsmäßig dieses Zusammenspiel von Wachheit und Wahrnehmungsinhalt, von Traum und Träumer zu beschreiben, brachte der Buddha den Begriff „Shunyata" (sanskrit „Leerheit") ins Spiel. Buddhanatur und Leerheit bezeichnen ein und dasselbe Phänomen, nämlich Sein (bzw. Nichtsein), mal aus einer objektiven (absoluten), mal aus einer subjektiven (relativen) Perspektive. Sein ist leer, Shunyata – nicht endgültig erfassbar, nicht stabil und ohne festen, endgültigen Kern. Sein erlebt sich aber, ist also bewusst – Buddhanatur.

Die „Sicht" eines Buddha ist ein direktes Sehen und Begreifen des Seins, wie es ist – als würdest du den Sternenhimmel betrachten und einfach ganz klar jeden einzelnen Stern sehen. Diese Sicht eines Buddha umfasst den absoluten Aspekt des Seins und alle relativen Aspekte. Er weiß: Nichts besteht isoliert aus sich selbst heraus und stabil – die Phänomene sind „leer" von stabiler, autonomer Existenz, aber sie erscheinen in aller Klarheit im offenen Raum meiner wachen Bewusstheit.

Im Folgenden werde ich versuchen, so einfach und klar wie möglich zu beschreiben, wie ein Buddha die Welt sieht.

Weisheit, Einsicht in die Natur der Wirklichkeit, zu wissen, was so läuft und wie es läuft, das ist die eine Seite der Buddhamünze. Diese Einsicht eines Buddha ist kein Verstehen im Sinne eines verstandesmäßigen Erfassens, kein Begreifen im Sinne eines begrifflichen Verstehens, sondern Erkenntnis: ein Kennen und Wiedererkennen, ein Hineinsehen und Wissen.

Der Erkenntnisprozess kann sich daher nicht auf ein intellektuelles Studium beschränken, sondern muss tiefer führen.

Die Stufen dieses Erkennens sind: Studium, Kontemplation und Meditation.

Wenn ich hungrig bin, dann reicht es nicht aus, mir das Bild einer Pizza anzusehen oder mich vor eine Pizza zu setzen, sie anzustarren und den Duft von gebackenem Teig, Oregano und geschmolzenem Käse zu riechen; ich muss abbeißen, kauen, runterschlucken und verdauen.

Ganz ähnlich verläuft das Erkennen. Ich erhalte Informationen aus Büchern oder von einem Lehrer und nehme sie in den Mund; das ist Studium. Dann kaue ich sie und schlucke sie runter: Kontemplation, ich eigne mir Informationen an, indem ich darüber nachdenke, indem ich jeden Gedankengang Schritt für Schritt *selbst* denke.

Endlich gelangt die Information in meinen Magen, und die Verdauung beginnt: Meditation. Im Verdauungsprozess wird die Nahrung zu *meiner* Substanz gemacht. Und alles, was unverdaulich ist oder was mein Körper gerade nicht braucht, wird ausgeschieden. Kurz bevor er starb, sagte der Buddha in Bezug auf seine eigene Lehre: Hört es euch an, denkt darüber nach und nehmt das davon mit, was ihr verstehen und annehmen könnt.

Nichts ist absolut wahr, nur weil der Buddha oder irgendein Prophet es gesagt haben. Vieles von dem, was er sagte, war auf bestimmte Personen gemünzt, auf spezielle Situationen bezogen oder ist nur vor einem gewissen geschichtlichen, kulturellen Hintergrund zu verstehen. Es ist also nur von relativer Gültigkeit.

Nur die Information nährt mich und ist relevant für mich, die ich gründlich gekaut, geschluckt und verdaut habe. Was unverdaulich ist, sollte schnell ausgeschieden werden, sonst macht es krank. „Sicht" soll also kein üppiger Katalog unverdauter Konzepte sein, sondern *Einsicht*, ein tiefes Hineinsehen in die Natur der Dinge.

Shunyata – totale Vernetzung

Vor etwa fünfzehn Jahren stand ich an der Straße, mit kahl rasiertem Kopf, weiß gekleidet, und las ein Buch über Dzogchen, eine profunde buddhistische Sichtweise und Praxismethode. Ich war per Anhalter unterwegs ins schöne Allgäu, um einen Freund zu treffen, einen russischen Pianisten und Komponisten. Ich hatte ein dreiwöchiges Fasten hinter mir und hatte dabei beschlossen, die Schule ohne einen staatlich anerkannten Abschluss zu verlassen.

Wir schauten uns die Basilika in Ottobeuren an, und danach lud der Freund mich zum Essen ein. Wir landeten in einer gutbürgerlichen bayrischen Gastwirtschaft, und nach einem kurzen Blick in die Speisekarte wurde mir klar, dass es kein Gasthaus für Vegetarier war und erst recht nicht für jemanden, der gerade drei Wochen ohne feste Speise hinter sich hatte. Aber mein angestauter Appetit ließ mich meine Vorsicht vergessen, und ich bestellte mir Schupfnudeln. Ich erkundigte mich bei der Bedienung, ob Speck darin sei, sie verneinte, und so freute ich mich auf d ese erste ordentliche Mahlzeit nach langer Zeit. Die Schupfnudeln kamen, es war Speck drin. Ich sammelte ihn heraus und verdrückte die ganze bayrische Portion.

Ein paar Stunden später saß ich auf dem Klo, aufgebläht wie ein gestrandeter Walfisch. Ein sonderbares Körpergefühl. Mein Körper schien sich über seine physischen Grenzen hinaus auszudehnen und unförmig den kleinen Raum auszufüllen. In meinem Magen rumorte es wild, und plötzlich hatte ich eine Vision. Ich verstand auf einmal, dass ich ein kernloses Wesen bin, dass angefangen bei meiner physischen Existenz bis hin zur geheimsten psychischen Regung *alles* nur Schale und Hülle ist und dass in der Mitte kein Kern steckt, sondern gar nichts, *nada*, wie bei einer Zwiebel, wo nichts übrig bleibt, wenn man Schicht für Schicht entfernt.

Das ist also Leerheit!, dachte ich mir, jene geheimnisvolle Shunyata, von der der Buddha spricht. Ich hatte es also verstanden, mit achtzehn das große Mysterium kapiert.

In den darauf folgenden Tagen schrieb ich meine Erkenntnis in Versform nieder und spielte mit dem Gedanken, diese Verse auszudrucken und in der Fußgängerzone zu verteilen, wie ein Zeuge Jehovas, um alle Welt an meiner großen Weisheit teilhaben zu lassen. Ich habe es nicht getan. Ich hörte auf die leise Stimme in mir, die mir zuflüsterte: Langsam, Junge, vielleicht ist's noch nicht der Weisheit letzter Schluss, vielleicht brauchen die Leute deine Belehrungen nicht, und vielleicht blamierst du dich nur damit.

Inzwischen weiß ich: Es ist keine außerordentliche Leistung zu verstehen, was mit „Leerheit" gemeint ist, aber es geht gar nicht um Verständnis, sondern um eine bestimmte Erfahrung.

Manchmal erhalten wir eine Kostprobe von diesem ureigenen Geschmack hellwachen, einfachen Seins in dem kurzen Moment nach einem Schock oder nach einer großen Anstrengung. Ein nachhaltiger Weg in diese Erfahrung von lebendiger Wachheit ist die Meditation.

Im Grunde ist es völlig widersinnig, über Shunyata zu schreiben. Sprache und begriffliches Denken erlauben uns nur ein konzeptuelles Verständnis. Die Erfahrung von Shunyata jedoch kann sich gerade da ereignen, wo alle Konzepte sich auflösen, wo alle Vorstellungen darüber, wie die Welt ist oder nicht ist, verstummen und Raum frei wird für die Erfahrung absoluten Verbundenseins. In diesem Erfahrungsraum erleben wir wirkliche Freiheit und wirkliches Glück. Es geht also um Erfahrung, nicht um Erkenntnistheorie.

Das Ziel des buddhistischen Trainings ist kein metaphysisches Verständnis, sondern Glück und Zufriedenheit. Erst die Konfrontation mit Leid trieb den Buddha aus dem Luxus des väterlichen Palastes in die Waldeinsamkeit. Dort offenbarte sich ihm, dass ein grundlegendes Missverständnis die Ursache unseres Leidens ist: die irrtümliche Annahme, Phänomen und Persönlichkeit seien stabil und existierten aus sich selbst heraus. Diese fundamentale Fehleinschätzung treibt uns in andauernde Jagd und Flucht und verhindert ein entspanntes, zufriedenes Sein.

Solange wir also an diesem grundlegenden Irrtum festhalten, werden wir leiden. Wollen wir glücklich sein, müssen wir also diesen Denkfehler korrigieren und damit beginnen, die Welt so zu sehen, wie sie ist.

Dieser BMW ist kein BMW

„Abhängiges Entstehen ist Leerheit."

Nagarjuna[44]

„Es gibt zu keiner Zeit irgendwo für irgendetwas eine unabhängige Existenz. Folglich gibt es zu keiner Zeit irgendwo etwas Beständiges."

Aryadeva[45]

Die Frage ist: Existieren die Phänomene so, wie wir glauben, dass sie existieren?

Zunächst: Die Dinge *scheinen* definitiv da zu sein. Dein BMW macht einen ziemlich realen Eindruck. Er kostet vielleicht so viel, dass ein normaler Mensch ein paar Jahre von diesem Geld leben könnte. Er ist laut, stinkt und bewegt sich mit 250 Kilometer pro Stunde durch die Gegend – bis er irgendwann an einem Baum oder in einem Graben zerschellt. Und selbst wenn er keinen Unfalltod stirbt – irgendwann geht er kaputt und landet mit armseligen Nissans, Fiats und Renaults auf demselben Schrottplatz. Bereits hier erhalten wir einen Geschmack von seiner beschränkten Wirklichkeit. Dein BMW ist nur für einen gewissen Zeitraum Teil der Realität.

Aber es kommt noch schlimmer: Ein großer Teil seines Wertes wird durch seinen Namen bestimmt. Eine ganze Reihe seiner Bauteile steckt auch in weniger exklusiven Autos. Hieße er nicht „BMW", dann wäre er einige durchschnittliche Monatslöhne billiger.

Sprich: Wir fixieren die Phänomene durch Zuschreibung. Ich benenne ein Ding und mache es durch die Benennung real, verleihe ihm mit dem Namen Identität, Gewicht und Wert. Dein BMW ist ein BMW, weil wir ihn so nennen. Würden wir ihn „Audi" oder „Opel" nennen, dann wäre er kein BMW mehr.

Ein ganzer Teil der „Wirklichkeit" beruht lediglich auf Zuschreibung. Ein 500-Euro-Schein hat seinen Wert nur aufgrund einer kollektiven Wertzuschreibung, und auch ein Goldbarren oder ein Bild von Picasso ist nicht wertvoll an sich, sondern bekommt seinen Wert zugeschrieben. Ein Tisch ist ein Tisch, weil ich ihn „Tisch" nenne und seine Funktion definiere – sonst könnte er auch ein Dach für meinen Dackel oder eine Garage für meinen Rasenmäher sein.

Also: Die „Wirklichkeit" ist Resultat von Zuschreibung, Definition und Übereinkunft.

Weiter: Bleibt dein BMW ein BMW, wenn ihm der Motor fehlt? Ist ein Auto ohne Motor noch ein Auto? Per Definition ist es kein Auto mehr (Automobil, lat. „selbstfahrend"; ohne Motor fährt es jedoch nicht mehr, ist also kein Automobil mehr). Auch mit Motor, aber ohne Fahrwerk fährt das Auto nicht, ist also genau genommen kein Auto mehr.

Auch der Motor ist kein Auto, sondern Motor. Und ein Motor ohne Zylinder ist kein Motor, sondern ein Haufen Schrott. Das Auto besteht also nur in Abhängigkeit von seinen Teilen und auch nur dann, wenn all seine Teile richtig angeordnet sind. Um voll und ganz Auto sein zu können, braucht es überdies einen Kraftstoff, einen Fahrer, einen befahrbaren Untergrund, Sauerstoff etc.

Auch ein Apfel hat keine eigenständige Existenz. Wenn er ein paar Wochen auf der Wiese herumliegt, dann verliert er seine Farbe, seine Form, seinen Geruch und verschwindet irgendwann ganz. Aus seinen Kernen keimt ein Sprössling. Unter günstigen Bedingungen wird er wachsen und irgendwann blühen und seinerseits Äpfel tragen, vorausgesetzt, es regnet genug, gibt genug Licht etc. Das heißt, der Apfel existiert nur aufgrund einer Vielzahl von Bedingungen. Er entsteht, besteht und vergeht in Abhängigkeit von der Erde, vom Wasser, von der Luft, von der Sonne ... Er hat also *keinerlei* eigenständige Existenz, sondern existiert nur in Abhängigkeit, aufgrund von multiplen Bedingungen und von Zuschreibung.

Wir können jedes beliebige Phänomen auf diese Art untersuchen, wir werden kein einziges finden, das aus sich selbst heraus, isoliert existiert. Die Realität ist ein bewegtes, weitverzweigtes Netz wechselseitiger Abhängigkeit. Es gibt keinen definitiven Punkt, kein „Ding an sich". Der Pudel hat keinen Kern!

Alles ist nur in Beziehung zu allem anderen real, und alles ist immer in Bewegung und Veränderung. Wirklichkeit ist ein fraktales Muster, ein schillerndes, pulsierendes Netz aus Bewegung und Beziehung.

Einzelphänomene, „Dinge an sich", isoliertes Sein – das existiert *nur* aufgrund von Zuschreibung. Ich nehme einen winzigen Ausschnitt, den winzigen Teil einer Bewegung und nenne ihn „Welle". Die Phänomene gleichen den Wellen, die sich am Strand brechen. Sie sind Resultat einer Bewegung, die das ganze Meer macht, aufgrund vielfältiger Bedingungen wie Luft- und Wassertemperatur, Untergrund, Wind etc. *Alles*, was sich im Meer bewegt, beeinflusst die Bewegung des ganzen Meeres. Darüber hinaus ist die Bewegung des Meeres abhängig von der Bewegung der Luft, die ihrerseits wieder von Meeresströmungen beeinflusst wird.

Isoliertes Sein erscheint dort, wo wir uns eine bestimmte Welle aussuchen und ihr einen Namen geben. Du klammerst dich an die Schaumkrone einer fraktalen Bewegung und nennst sie „BMW". Aber dein BMW ist ein Traum. Das heißt nicht, dass er nicht existiert. Er existiert vorübergehend, in Abhängigkeit von diversen Bedingungen und aufgrund von Definition. Er existiert wie ein Regenbogen – der aufgrund des Zusammenspiels von Bedingungen klar erscheint, der aber letztlich nicht greifbar ist.

Shunyata, Leerheit, ist also kein Nichtsein. Es ist auch nicht so, dass wir die Dinge ausleeren müssten, dass wir aus einem Zustand der Fülle einfach in einen Zustand der Leere gelangen würden – die Phänomene *sind* leer, leer von eigenständiger, dauerhafter Existenz. Aber sie erscheinen in aller Deutlichkeit, wie die Dinge und Personen in einem Traum.

Unterscheidet sich die Freude oder die Trauer, die ich in einem Traum erlebe, von Freude und Trauer, die ich wach erfahre? Wenn ich träume, dann erscheinen mir die absurdesten Dinge und Abläufe schlüssig und real. Wie kann ich herausfinden, ob meine Wacherfahrung tatsächlich realer ist als meine Traumerfahrung? Die ganze bunte Welt der zehntausend Dinge könnte wie ein Traum nur in meinem Bewusstsein existieren! Und tatsächlich gibt es für *mich* keine Welt außerhalb *meines* Bewusstseins. Mein Geist ist mein einziger Zugang zur Welt, und ich kann nicht endgültig ermitteln, ob es eine Welt außerhalb meines Geistes gibt. Es ist auch letztlich irrelevant, ob es eine Welt da draußen gibt oder nicht – ich *kann* nur meinen Traum der Welt erleben, nur die Bilder der Welt in *meinem* Bewusstsein, *meine* Wahrnehmung, *meine* Gedanken, *meine* Gefühle. Die Welt ist ein Zittern, ein Kräuseln, ein Wellenspiel oder ein Spiegelbild auf der klaren Oberfläche der Wasser *meines* Geistes.

> *„Alle Phänomene sind das illusorische Spiel des Geistes.*
> *Der Geist ist Nichtgeist – er ist leer, ohne Essenz.*
> *Er ist leer und erscheint doch ungehindert in jedweder*
> *Form."*

Rangjung Dorje, Mahamudra-Gebet[46]

Der heilige Geist

Ich bin genauso Teil meines Traumes wie dein BMW. Mein Körper ist eine vorübergehende Erscheinung und Resultat von vielfältigen Bedingungen. Er besteht zu einem Großteil aus Wasser, Wasser, das ich täglich zu mir nehme und ausscheide, sprich: Ich nehme „dich" täglich zu mir und scheide „mich" aus, auf dass „du" „mich" zu „dir" nehmen kannst.

Wenn ich mit ein paar Leuten in einem Raum sitze und meditiere: Wem gehört die Luft, die in mir ist? Ich atme sie ein, sie ist in mir, in meiner Lunge, in meinem Blut, *meine* Luft – ich atme sie aus und *du* atmest sie ein, und schon ist sie in dir, in deiner Lunge, *deine* Luft.

Wie der Apfel existiert auch mein Körper nur in Abhängigkeit vom Rest der Welt. Ohne Welt könnte er keinen einzigen Moment existieren, er ist ein winziger Ausschnitt der Welt und genauso ein Traum wie der ganze Rest!

Jeder Gedanke, den ich denke, bezieht sich auf die mir bekannte Welt, ist möglich aufgrund meiner Wahrnehmung der Welt, aufgrund der Ideen, die ich gehört und gelesen, und aufgrund dessen, was ich erfahren habe. Kein einziger „meiner" Gedanken entsteht unabhängig von der Welt, unabhängig von meinem Körper aus sich selbst heraus. Auch jedes Gefühl erfahre ich in Bezug zur Welt, kein Gefühl entsteht bedingungslos und existiert isoliert in den einsamen Kammern meines Herzens. „Ich" bin nicht denkbar, nicht existent ohne den Rest, ich bin Teil meines eigenen Traumes.

Ob die Welt und du und ich nur traumhaft sind oder ob wir wirklich existieren – wer kann das mit absoluter Gewissheit wissen? Es gibt keinen endgültigen Beweis für die objektive Realität; aber es gibt meinen Traum, meine Erfahrung, meine Wahrnehmung, deinen Traum, deine Erfahrung, deine Wahrnehmung. Ob du nun Teil meines Traumes bist oder ich ein Teil von deinem, oder ob wir tatsächlich beide existieren und träumen – wir können darüber nur spekulieren. Über alle Spekulation hinaus habe ich nur eine einzige Gewissheit: *Etwas ist wach, aufnahmefähig, bewusst.*

Bleibt also nur der „heilige Geist" – offenes, reines Bewusstsein.

> *„Hört, ihr Söhne der Siegreichen: Alle drei Daseinsbereiche sind nur Geist!"*
>
> Avatamsaka-Sutra [47]

Aber gibt es ein Bewusstsein ohne Welt, einen Träumer ohne Traum? Bewusstsein erscheint in Abhängigkeit von Wahrnehmung, Denken und Fühlen. Es gibt ein Seh-Bewusstsein, ein Hör-Bewusstsein, ein Bewusstsein meiner Freude, meiner Wut, und gibt es tatsächlich ein „reines" Bewusstsein? Wie sähe so ein reines Bewusstsein aus? Ein farbloses, formloses Etwas?

Auch der Geist ist leer, Shunyata. Der Träumer ist Teil des Traumes, alles ist völlig bodenlos, ohne Ufer und Insel und Grund, ein einziges Flimmern und Vibrieren, ohne den kleinsten Hauch irgendeiner Hardware, ein Programm, eingebettet in ein Meta-Programm, eingebettet in ein Meta-Meta-Programm ...

Bewusstsein ist eine Art Kapazität, kein Ding an sich. Es wird erst in Abhängigkeit von Bewusstseinsinhalt bedeutsam, so wie das Licht erst sichtbar, sprich erst bedeutsam wird, wo es auf einen Körper trifft. Ohne einen Körper rast es mit Lichtgeschwindigkeit unsichtbar durch den Raum und erscheint als Dunkelheit.

Fazit: Alles ist leer (von dauerhafter, autonomer Existenz), ein Flimmern auf der Leinwand meines Geistes. Aber auch mein Geist ist leer, ein grundloses Geflimmer, wohin man auch schaut, kein definitiver Punkt in Sicht außerhalb der definierten Welt konzeptuellen Denkens.

Über die Welt lässt sich nicht eindeutig, endgültig sagen: Sie existiert. Sie existiert nicht. Sie existiert und existiert nicht. Weder existiert sie, noch existiert sie nicht. Das ist Shunyata: dass wir keine definitive Aussage machen können. Gültige Einsicht erscheint jenseits derartiger Konzepte in Form einfacher, klarer Erfahrung.

Der Zen-Meister hält einen Apfel in die Höhe und schreit: „Wenn du sagst, das ist ein Apfel, bekommst du zehn Schläge, wenn du sagst, es ist kein Apfel, bekommst du zehn Schläge, was sagst du, was sagst du?!"

Sobald wir den Mund aufmachen, sobald sich ein Gedanke regt und wir uns auf ein Konzept einlassen, auf eine fixierte Idee über Sein und Nichtsein, leiden wir. Bam, bam, bam, Schlag auf Schlag.

Was bleibt uns? Wir könnten den Apfel nehmen und hineinbeißen, uns an seinem saftigen, frischen, süß-sauren Geschmack erfreuen, ohne zu sagen: Das ist ein Apfel. Ohne zu sagen: Das ist kein Apfel. Ohne Konzept, ohne fixierendes, zementierendes Denken, ohne Hoffnung, ohne Furcht, ohne: Eigentlich hätte ich gerade lieber eine Birne! Ohne: Hoffentlich ist kein Wurm drin! Ohne: Vielleicht sollte ich ihn erst einmal waschen!

> *„Buddhas sagen, Leerheit ist das Aufgeben von*
> *Ansichten.*
> *Wer an Leerheit glaubt, ist unheilbar."*
>
> *Nagarjuna*[48]

Shunyata ist Freiheit. Offene, raumgleiche Weite. Diese Welt durchlässiger, fließender Offenheit ist *keine* jenseitige und *keine* vergangene oder zukünftige Welt, *keine* andere Ebene oder Dimension, sondern diese eine Welt, dieses eine Sein.

Es gab nie ein „Ding an sich" und wird nie eines geben. Genauso wenig gibt es eine Person, ein Ich, das dem Ding an sich irgendwie gegenübersteht. Es gibt nur *eine* Wirklichkeit. Sie zerfällt niemals in einen Plural. Dieses eine Sein *ist* leer, Shunyata, ohne Zentrum und Peripherie, grenzenlos, punktlos, bodenlos und jenseits aller Konzepte und aller Beschreibbarkeit. Und dennoch erscheint alles ganz klar und wird ganz klar erfahren, ein buntes vielfältiges Netz, ein schillerndes, feinst gestaltetes Bewegungsmuster.

Ein Regenbogen ist eine eindeutige, klare Erscheinung. Jede Farbe ist deutlich sichtbar, obwohl es tatsächlich keine Farbe gibt, sondern nur Übergänge von einer Farbe in die andere. Blau, Türkis, Grün sind nicht voneinander zu trennen, sondern gehen ohne Grenze ineinander über. Und dennoch erscheint das ganze Farbspektrum in eindeutiger Klarheit. Unser Verstand begrenzt dieses vielfältige Farbspiel, indem er sich auf Ausschnitte davon beschränkt und sie benennt: Blau, Grün, Gelb, Rot.

Shunyata ist wie das Meer; ein stets bewegtes Muster sich wechselseitig beeinflussender Wellen. Durch die fixierende Brille unseres konzeptuellen Denkens hindurch erscheint sie uns jedoch wie eine Eiswüste: scharfkantig und starr.

Buddhaweisheit heißt: diese Brille abzunehmen und das Sein so wahrzunehmen, wie es ist. Diese authentische Sicht ist absolutes Bodhichitta.

Shunyata ist kein Nichts, sondern wechselseitiges Verbundensein. Jede kleinste Regung wirkt auf dass Ganze und wirkt selbstverständlich auf uns zurück. Endgültig betrachtet ist es wie ein Traum, aber der Traum ist derart gestrickt, dass *jede* Bewegung *alles* bewegt, und wenn wir keinen Albtraum wollen, dann müssen wir uns geschickt bewegen, denn: Aus diesem Traum führt kein Weg hinaus, er hat keinen Notausgang.

Wenn wir jedoch verstehen, wie er sich bewegt, dann können wir uns mit ihm bewegen und ihn als weiten, offenen Raum der Freiheit und Freude erfahren. Missverstehen wir ihn als erstarrte Eislandschaft, dann erleben wir Kälte und Enge und Scharfkantigkeit.

„Alles Äußere und Innere ist das zeitlose Feld der Wirklichkeit, und in solch einem makellosen Feld des Spiels sind Buddha und fühlende Wesen nicht verschieden – warum also versuchen, daran irgendetwas zu ändern?"

Vairotsana[49]

Zwei Drogenstorys

Erste Story: Ich bin allein in München unterwegs, auf 400 Mikrogramm LSD. LSD ist vielleicht die am höchsten wirksame psychoaktive Substanz, die wir kennen. Sie gehört, wenn man sie überhaupt nehmen sollte, in einen therapeutischen Rahmen. Ich aber spaziere so präpariert auf eine Goaparty. Vor der Tür wird gerade ein Typ vom Türsteher des Nachbarclubs verprügelt. Ihm läuft Blut aus den Ohren. Ich stehe ein paar Momente völlig entsetzt und ratlos daneben und weiß: Ich *muss* irgendwas tun! Da kommt zum Glück die Polizei vorbei und kümmert sich um diese Geschichte. Puh! Wilde Wellen der Aggression um mich herum. Schnell weiter! Ich bin mir nicht mehr sicher, ob ich die Party ertrage. Ich frage daher den Türsteher: „Was läuft denn so für Sound?"

„Hm. Ziemlich hart."

„Du. Ich weiß nicht, ob ich damit im Moment klarkomm. Lass mich doch mal kurz reinschauen!"

Ich gehe also rein – und stehe fassungslos an der Tür, die Musik erscheint mir wie eine brutale Vergewaltigung meiner offenen, zarten Seele, die Leute wie eine Horde Zombies ... abartig! Ich setze mich draußen auf eine Bank und drehe mir eine Zigarette. Ich rauche und schau mir die Leute an. Was tut ihr denn da!? Mutter, verzeih ihnen, denn sie wissen nicht, was sie tun! Sie erschaffen sich einen Albtraum aus Drogen und Sound und stampfen wie hirn- und herzlose Roboter darin herum. Mind-Massaker! Die größte Sünde ist die wider den heiligen Geist! Entsetzen packt mich, dringt schleichend in die feinen Kanäle meines Körpers, windet sich langsam tief in mein neuronales Netz. Ich steh auf und geh am Türsteher vorbei und die Straße entlang, schnell, schneller ... Bloß nicht umdrehen, nicht zurückblicken. Wer zurückblickt, der erstarrt zu Stein! Ihr Stampfen verfolgt mich, Hohngelächter, leere Augen, dämonisch erstarrte Gesichter, alles verdichtet sich zu einem tausendarmigen, lodernden Polypen, zum Dämon, Widersacher, Teufel, zehntausendarmig, ein uferloses Monstrum, alles verschlingender Moloch, das Böse, das Böse ... Ich weiß: Wenn ich in diesem Film hängen bleibe, dann sitze ich die nächsten Jahre in der Hölle fest ...

Es ist Winter, ich schlinge meine Jacke fest um mich und renne fast die Straße entlang. Da erblüht in den dunklen Gärten meiner Angst plötzlich die zarte Blume reinen, unschuldigen Mitgefühls, mein Leid wird zu Mitleid. Ihr armen Brüder und Schwestern! Wochenende für Wochenende gefangen in selbst gebastelten Höllen, Woche für Woche Teufel spielen – wohin wird euch das führen!? Und der Moloch schmilzt langsam dahin unter den warmen Tränen meiner Anteilnahme, und auf einmal verstehe ich: Wir selbst haben den Dämon geschaffen, *ich* habe ihn geschaffen, er existiert ausschließlich in meinem Geist. Nirgendwo sonst, nur in meinem Geist, nur in meinem Geist ...

Ich beruhige mich, laufe und laufe, oh, es tut gut zu laufen! Der Wind streicht mir übers Gesicht, ich laufe den Nymphenburger Kanal entlang Richtung Schloss ... nur in meinem Geist, nur in meinem Geist ...

Ich setze mich auf den Boden, lehne mich an einen Baum. Hier, im Haus nebenan bin ich meinem verehrten Guru und ein paar anderen großen Meditationsmeistern begegnet. Kein Zufall, dass ich jetzt hier sitze, sondern das weise, liebevolle Wirken meines Meisters. Oh, ich danke euch, ich danke euch! Es ist mein Geist! Mein Geist. Die Meister stehen um mich herum, und ich sehe diesen Geist aus ihren Augen leuchten, und sie lachen, lachen – ja, kleiner Bruder, ES ist wach und wird niemals schlafen! Einfach wach. Für immer und ewig! Und alles wird ruhig, offen, weit, keine Regung, kein Fehler, kein Krümel zu wenig, kein Krümel zu viel, offen, strahlend, klar ... BAM, da bin ich wieder, die Sonne geht auf! Ich erhebe mich, schlendere durch die rosagoldene, kalte Morgenluft, Stufe für Stufe die Treppe zum Eingang des Königs hinauf. Alles ist so frisch und neu und wunder-, wunderschön. Ich spaziere durch den Park, und überall offenbaren sich große und kleine Geheimnisse, profundes Wissen hinter jeder Biegung des Weges, alles, alles soll genau so sein, wie es ist, kann nur so sein, wie es ist, weil es ist, wie es ist.

Ich geh in eine Bäckerei hinein, kaufe mir warmen Tee, und aus den Augen der Bäckerin blickt mir offene, einfache Wachheit entgegen! Die gleiche Wachheit, die auch aus meinen Augen blickt. Und so geht es weiter, den ganzen Tag. Es ist überall Geist, selbst aus den kleinen glitzernden Augen stummer Aquarienbewohner blickt dieser Geist. Es gibt nichts zu erlangen und nichts zu verlieren, nichts zu begreifen und nichts zu verstehen. Einfach nur da sein, wach sein, voller Liebe und voller Freude sein.

Zweite Story: Ich starte mit 100 Mikrogramm LSD. Wieder allein in München, ich als bekennender Landbewohner! Ich brauch einen Wald in der Nähe und Wiesen und einen See! Was zum Teufel tu ich hier?! Ich setze mich in die U-Bahn, fahre ein Stück, steige wieder aus und meditiere eine Runde, bis die Substanz in meinem Gehirn zu wirken beginnt. Ich bin unruhig. Laufe los, lande irgendwie auf einer Geburtstagsparty, lauter Buddhisten! Ich trinke ein, zwei Drinks, dann treibt es mich weiter. Ich schaue bei einer Freundin in ihrer Bar vorbei, trinke zwei, drei Tequila und streune wieder zurück auf die Geburtstagsparty. Was will ich hier eigentlich? Ich mix mir eine Rum-Cola und zieh weiter.

Hm. Irgendwie bin ich betrunken. Ich nehme noch weitere 100 Mikrogramm LSD. Wandere kilometerweit durch die Straßen. Was will ich überhaupt? Ich besuche einen Bekannten in seiner Bar. Er spendiert mir eine Rum-Cola und eine halbe Pille dazu. Ein gefährliches, bitteres Zeug ... hm, was soll ich damit? Ich klopfe die bitteren Brösel in meinen Drink und folge meinem Bekannten in den Keller zum Rauchen. Er spendiert mir ein Näschen Koks und drückt mir eine Freikarte für einen After-Hour-Club in die Hand. Mich treibt es weiter. Ich nehme noch einmal 100 Mikrogramm LSD zu mir. Laufe durch die Gegend. Gut, ich kann mir diesen Schuppen ja mal anschauen. Der Morgen graut. Ich steige die Treppe hinab; ein verdächtiges Etablissement! Ehemaliger Stripschuppen. In den Nischen sitzen ein paar verlorene Gestalten. Gut, ich könnte ja mal zum Hauptbahnhof einen Tee trinken gehen, also die Treppe wieder hinauf. Zum Türsteher sage ich: „Du, ich geh mal eben Tee trinken."

„Bring mir doch einen Latte macchiato mit."

Sitze am Bahnhof auf einer Bank. Bin irgendwie lost, verloren, einsam. Würde gern einer verwandten Seele begegnen. Ich steh auf, kauf einen Latte macchiato beim Bäcker und steige wieder die Treppen in den Stripschuppen hinab. Ich drück dem Türsteher seinen Kaffee in die Hand und schau mich nach einer verwandten Seele um. Ich kann keine finden. Zurück zum Hauptbahnhof. Ich treffe eine junge Punkgöre auf Methadonentzug. Sie ist nervös, aggressiv, verloren. Ich kauf ihr eine Cola, ihr Bruder kommt und fragt: „Hey, kannst du mal kurz auf meine Tasche aufpassen?" Ich passe auf seine Tasche auf. Nach einiger Zeit dauert es mir irgendwie zu lange. Ich schultere seine Tasche und mach mich auf die Suche nach ihm. Der Hauptbahnhof erwacht langsam zum Leben. Ich finde die beiden, drück ihm seine Tasche in die Hand und verdrück mich runter in die U-Bahn. Was nun? Was soll ich tun? Wohin soll ich gehen?

Ich steige an der Fraunhofer aus und spaziere an der Isar entlang. Es ist kalt. Es ist kalt. Es ist kalt! Irgendwie entsetzt mich alles immer mehr. Nirgendwo ein Ort der Wärme und Begegnung. Keine verwandte Seele weit und breit! Brückenlose Isolation!

Ich sitze auf einem kalten Stein, starre ins kalte Wasser, und auf einmal erfasst mich ein namenloses, bodenloses, auswegloses Entsetzen. Ein Entsetzen vor der Existenz. *Hilfe!* Ich bin verloren! Für immer! Allein, Allein, ALLEIN! Ewige Isolation!

Ich weiß: Das ist ein verdammter Trip. Angeschlagenes Set, ungünstiges Setting und ein völlig dummer, unverantwortlicher Mischkonsum! Warum mach ich so was?!

Ich weiß: Es ist nur ein Trip, aber ich kann mir nicht vorstellen, dass es irgendwann aufhören wird. Es gibt keinen Ausweg. Keine Tür, keine Brücke. Ich bin ein versprengter Splitter Existenz, ein gefrorener Tropfen Geist in einer ewigen, endlosen Wüste aus Eis, und es wird immer, immer so sein! Ich weiß: Ich habe so etwas bisher noch nie erlebt, ein derart blankes Entsetzen, und ich weiß: Es ist nur ein Trip. Aber der Trip geht weiter, weiter, weiter ... HILFE! Hört mich jemand?! BITTE, BITTE!!! Komm und hilf mir. Frag mich irgendwas! Frag mich: Hey, alles klar bei dir?

„Hey du, alles klar bei dir?"

Erstaunt blicke ich auf. Vor mir steht eine Frau und blickt mir in die Augen. Um sie herum springt ein verspielter großer Hund.

„Na ja, geht so", sage ich. Ich bin ihr unendlich dankbar!

„Willst du einen Kaffee oder so? Ich wohne hier gleich um die Ecke."

DANKE! „Passt schon, danke, vielen Dank!"

Sie geht weiter, ihr Hund springt hinterher. Vielleicht gibt es Hoffnung für mich, vielleicht hört dieser schräge Trip irgendwann wieder auf!

Ich stehe auf und schlendere langsam zurück. Da ist sie wieder, mit ihrem Hund. Ich gehe noch einmal zu ihr hin und sage: „Noch mal danke! Hast mir gerade sehr geholfen!"

„Jetzt komm, ich mach dir einen Kaffee!"

Ich überlege kurz. Na gut, warum nicht? Ich geh also mit zu ihr. Sie kocht mir Tee und Kaffee, es ist warm, sie beginnt zu erzählen, von ihrer Tochter, ihrer Mutter, davon, wie sie schwanger allein mit dem Flugzeug von Köln nach München umzog ... von ihrem Freund, von Kokain ... Jetzt fällt es mir auf: Sie ist ausgezehrt, ihre Augen sind groß, traurig, voller Schrecken und Einsamkeit und Sehnsucht ... Alle fünf Minuten ruft ihr Freund an, kurze sonderbare Streitgespräche, und sie erzählt und erzählt ... eine Geschichte von Einsamkeit, Isolation, Kränkung, Verletzung und auch Misstrauen ... oh Mann! Und meinereins sitzt hier rum und würgt an einem chemisch injizierten existenzialistischen Ekel! Ich bin unsagbar verbunden, eingebettet, geliebt! Ich nehme ein paar Züge von ihrem Joint, höre ihr zu, und sie redet und redet ... Und plötzlich kann ich es nicht mehr ertragen, ich muss gehen! Sofort! Ich stehe auf, sage ihr Danke für alles, wünsche ihr alles Gute und stolpere hinaus. Ich brauche Luft, LUFT!

Was weiter? Dieser strange Trip ist noch nicht vorbei. Es wird noch ein paar Stunden weitergehen. Ich könnte wieder im Schlosspark spazieren gehen – also runter in die U-Bahn. Es ist Sonntagvormittag. *Jeder* sieht mir sofort an: Der Typ ist verloren! Ich komm langsam runter von dem Kokain und dem XTC, dafür fährt das Gras voll ein. Schübe von Paranoia ... Warum fährt die U-Bahn nicht los?! Sie werden mich hochnehmen, einsperren! Hey! Reiß dich zusammen! Niemand wird dich einsperren! Es ist dieser verdammte Mischkonsum! Total daneben! So geht es weiter. Ein paranoider Anfall nach dem anderen. Wilde Verschwörungstheorien. Und immer zieh ich mich irgendwie wieder raus. Ich steige am Rotkreuzplatz aus und kaufe mir ein Radler und Zigaretten in der Tanke. Ich setze mich auf eine Bank am Kanal und versuche mich zu beruhigen. Ich laufe weiter, den Kanal entlang Richtung Schloss. Die Sonne scheint. Ich bewege mich auf hauchdünnem Eis, unter mir nichts als bodenloser Wahnsinn, Entsetzen, Angst, Verwirrung. Bloß keinen Moment stehen bleiben, nicht zögern, weitergehen! Aber ich bin erschöpft, ich kann nicht mehr. Ich check die Zeit auf meinem Handy. Der Trip wird noch ein paar Stunden dauern. Oh Gott! Hoffentlich gehe ich nicht verloren! Es kann ein paar Mal gut gehen und dann verirrt man sich plötzlich im ewigen Eis.

Meine Füße schmerzen vom vielen Laufen. Ich hab den Schlüssel von einer Freundin in der Tasche. Ich gehe zu ihr, sie schläft noch ihren Rausch aus. Ich stell mich unter die Dusche und versuche es abzuwaschen. Ich murmle ein Reinigungsmantra vor mich hin. Ich sollte meditieren, mich hinsetzen und meditieren ... Aber erst kurz auf die Couch, meine Beine ausstrecken ... Hoffentlich finde ich wieder zu mir, hoffentlich ... Ich schlafe ein.

Uferlos glücklich

Himmel und Hölle sind keine zwei Orte, der eine oben, licht und sorgenfrei, der andere unten, qualvoll und finster – Himmel und Hölle (und alles dazwischen) ereignen sich in meinem Geist, in meinem Bewusstsein, sind zwei Perspektiven, zwei Arten, das freie Spiel von Shunyata wahrzunehmen und zu erleben.

> *„Alles – Erscheinung und Existenz, Samsara und Nirwana – hat einen einzigen Grund, doch zweierlei Pfad und Frucht und entfaltet sich auf magische Weise als Gewahrsein und Nicht-Gewahrsein. [...] Der Grund von allem ist nicht zusammengesetzt, und die selbstentstehende Große Ausdehnung, jenseits von Beschreibung, trägt weder den Namen Nirwana noch Samsara.*
>
> *Nur dies erkennend, bist du ein Buddha; dies nicht erkennend, bist du ein Wesen, das in Samsara umherirrt.“*
>
> *Samantabhadra-Gebet* [50]

Die „Sicht" umfasst zwei Perspektiven. Das Wissen um Shunyata und das Wissen um ihren vielfältigen Ausdruck. Im subjektiven Erleben ist Einsicht Bewusstheit, Wachheit, Gewahrsein. Fixieren wir Wahrnehmung, Emotionen und Gedanken, dann wird „Einsicht" zu „Eissicht" und wir verlieren uns in der erstarrten Weite des Traumes und vergessen, dass es ein Traum ist. Himmel und Hölle sind imaginäre Räume der Hoffnung und Furcht auf der blanken Leinwand von Shunyata.

„Buddha" heißt: „der, der weiß". Der Buddha versteht: Es ist ein Traum, ein fließendes Netz aus Bewegung und Beziehung. Und er weiß, wie man sich im Traum bewegt, ohne sich in Hoffnung und Furcht zu verlieren. Das ist Erleuchtung, die Einheit von Einsicht und geschickter Methode. Und die geschickte Methode ist Liebe und Empathie. Liebe und Empathie sind „einsichtiges Sichbewegen". Buddhaweisheit, das Wissen um die wechselseitige Verbundenheit und Nichtfixiertheit, um die „Leerheit" der Phänomene, drückt sich in auch dieser Art Liebe und Empathie aus.

Wenn wir nicht schwimmen können, brauchen wir Boote, Inseln und Ufer. Das Meer ist ein Albtraum. Für einen Delfin, der sich auf das Schwimmen und Tauchen versteht, ist es sein eigener Lebensraum.

Buddha sein heißt: ein guter Schwimmer sein. Der Buddha ist unabhängig von Booten, Inseln und Ufern. Und: Im Ozean von Shunyata, im uferlosen Meer des Geistes, gibt es kein Boot und keinen Hafen. Wir erträumen uns Hafen und Schiff, weil wir denken, wir könnten nicht schwimmen. Aber das Schwimmenkönnen ist uns angeboren, ein Baby *kann* schwimmen! Wenn es ins Wasser fällt, schwimmt es. Erst später verlernen wir es und müssen es dann mühsam wieder lernen. Schwimmenkönnen ist Buddhanatur, einfache, ursprüngliche Wachheit. Wenn wir wach sind, dann wissen wir, wie wir uns zu bewegen haben, ohne unterzugehen und zu ertrinken. Und wir *sind* wach, Wachheit ist unser „natürlicher Geist". Wir haben es nur vergessen und denken irrtümlicherweise, wir würden schlafen.

So wie wir das Schwimmen wieder lernen müssen, so müssen wir auch das Wachsein wieder lernen. Wenn wir wach sind, dann verstehen wir uns darauf, uns durch den Traum zu bewegen, ohne dass er uns wie ein Albtraum erscheint. Sobald wir einschlafen, verlieren wir uns in den Träumen von Hoffnung und Furcht, bodenlosen Himmeln und Höllen. Diese Übung im Wachsein ist Meditation. Meditation ist die Brücke, die es uns erlaubt, die Sicht in unsere Lebensführung zu tragen. Ohne Meditation gefriert und erstarrt unsere Einsicht und wird zu einem weiteren Konzept, zu weiterem Brennstoff für weitere Albträume.

Um im Wasser nicht unterzugehen, müssen wir Arme *und* Beine bewegen. Um nicht im Traum zu versinken, brauchen wir Liebe *und* Weisheit, Bewusstheit *und* Empathie. Beide zusammen sind das Flügelpaar, mit dem wir uns durch die offene Weite des Himmels bewegen können. Meditieren ist schwimmen lernen, fliegen lernen. Wenn wir meditieren, dann trainieren wir die zwei Flügel Liebe und Wachheit und lernen, ohne Inseln und Ufer klarzukommen.

Warum brauchen wir Weisheit, absolutes Bodhichitta, Einsicht in die „wahre Natur" der Phänomene, in ihre Instabilität und ihr Verbundensein? Der ganze Mechanismus von Verstrickung und Leiden wurzelt in einem großen, grundlegenden Missverständnis, Samsara wächst aus dem Nebel einer grundlegenden Unwissenheit.

Dieses Missverständnis beginnt dort, wo wir uns vom Rest der Welt abschneiden und uns definieren und erleben als „Ding an sich", als isoliertes Wesen, das gefangen innerhalb seiner Hautgrenze, in diesem Sack aus Knochen, Fleisch und Haut, der Welt gegenübersteht. Diesem Wesen und der Welt der Phänomene schreiben wir Stabilität zu und begründen so das ewige Spiel von Hoffnung und Furcht, von Anhaftung und Abneigung.

Weisheit ist eine der Wirklichkeit entsprechende Sicht, eine Korrektur des grundlegenden Missverständnisses. Sie bewahrt uns davor, den Phänomenen und uns selbst Stabilität und isoliertes Sein zuzuschreiben, und erlaubt uns, die Welt so zu sehen, wie sie ist. Ohne diese realistische Sicht sind wir hilflos gefangen in dem auf Verwirrung gründenden Spiel von Anhaftung und Abneigung, gefangen im dunklen Tal der Unwissenheit, zwischen zwei Gipfeln aus Eis. Wir werden wieder und wieder Enttäuschung und Frustration erfahren. Um dieser andauernden Enttäuschung zu entgehen, brauchen wir Einsicht, eine realistische Sicht von Welt und Selbst.

Allerdings wird ein bloßes intellektuelles Verständnis von Shunyata uns nicht vor Verstrickung in Hoffnung und Furcht, in Jagd und Flucht bewahren. Es ist ziemlich schwer, einen Menschen, den man noch nie gesehen hat, aufgrund einer Beschreibung zu erkennen. „Er ist einsfünfundsiebzig groß, hat blaue Augen, dunkles Haar." Eine derartige Beschreibung passt auf viele Menschen. Ohne ein eindeutigeres Merkmal, etwa einen Ring im rechten Ohr und einer Sterntätowierung auf dem linken Unterarm, wird es mühsam sein, den entsprechenden Menschen klar zu identifizieren. Hat man ihn jedoch einmal gesehen, dann gibt es keinen Zweifel mehr, man kennt ihn.

Shunyata hat kein eindeutiges Merkmal. Alle Informationen darüber erlauben kein müheloses Wiedererkennen. Absolutes Bodhichitta oder Weisheit ist ein Ergebnis von Meditation, nicht von Erklärungen. In der Meditation machen wir uns mit dem ureigentlichen Geschmack der Wirklichkeit bekannt. Sie ist der Kanal, der unsere Einsicht in unsere Lebensführung strömen lässt, sodass unser Handeln ein einsichtiges wird, ein der Wirklichkeit entsprechender Ausdruck unserer Einsicht.

Meditation ist also die „geschickte Methode", die es uns erlaubt, den Shunyata-Code zu entschlüsseln und anwendbar zu machen. Sie bringt Weisheit in unsere Lebensführung.

Meditation

„Ihr seid wie Brote, Brote, die im Ofen backen."

Shunryu Suzuki Roshi [51]

„Grüble nicht über die Vergangenheit.
Denke nicht über die Gegenwart nach.
Überlege nicht, was morgen vielleicht passiert.
Meditiere nicht über Leerheit.
Analysiere nicht die Objekte des Denkens.
Lasse den Geist, wie er ist."

Tilopa [52]

Das tibetische Wort für Meditation bedeutet: „sich an etwas ge-wöhnen". Woran gewöhnen wir uns, wenn wir meditieren? Wir gewöhnen uns an den Geschmack der Wachheit. Meditation ist Wachsein, Übung in Aufwachen und Wachsein. Wenn wir wis-sen, wie wir aufwachen können, dann ist es kein Problem mehr, wenn wir erneut einschlafen, weil wir jederzeit wieder aufwa-chen können, wieder und wieder.

Eine Zeit lang gelang es mir, in Albträumen den Traum als solchen zu erkennen und dadurch aufzuwachen. Der Albtraum war kein Problem mehr.

In der Meditation machen wir uns mit dem Geschmack wa-cher Bewusstheit vertraut, indem wir uns darin üben, wieder und wieder aufzuwachen, ein paar Momente wach zu bleiben und uns in wacher Aufmerksamkeit zu entspannen. In diesen Momenten erleben wir die Freude purer Bewusstheit.

Was Meditation nicht ist

Denke eine Minute lang *nicht* an Sex, jetzt!

Und? Ist es dir gelungen, eine Minute lang nicht an Sex zu denken? Vermutlich hast du noch mehr als gewöhnlich an Sex gedacht.

Jetzt denke eine Minute lang *nur* an Sex!

Höchstwahrscheinlich ist es dir auch nicht so recht geglückt, nur an Sex zu denken, eine Minute lang nur Sex, kein anderer Gedanke.

> *„Wenn du jetzt verstehst, bei allen aufkommenden Gedanken frei von Anstrengung zu bleiben, dann sind Gedanken selbst wie wacher, offener Raum. Betrachte sie deshalb als angenehm. Wenn du Gedanken als angenehm erfährst, ist die Ursache für Verspannung aufgehoben. Du bist in dem Maße verspannt, in dem du Gedanken als Fehler ansiehst.“*
>
> *Gampopa*[53]

Meditation ist *nicht* Nichtdenken! Viele Menschen scheinen davon auszugehen, nicht zu denken sei Meditation oder Ziel der Meditation. Dann wären Steine die größten Meditierer.

Ringu Tulku Rinpoche sagte einmal: Genauso, wie es in der Natur der Sonne liegt, Licht und Wärme auszustrahlen, so liegt es in der Natur unseres Geistes, Gedanken und Gefühle hervorzubringen. Gedanken und Gefühle sind kein Problem, sie sind spontaner, natürlicher Ausdruck unseres Bewusstseins. In der Meditation geht es nicht darum, diesen spontanen Ausdruck zu unterdrücken.

Die Unterdrückung unserer Gedanken und Gefühle wäre an sich eine recht mühsame Angelegenheit. Schon eine einzige Minute lang nicht zu denken oder nicht an ein bestimmtes Thema zu denken bereitet uns für gewöhnlich ziemliche Schwierigkeiten.

Es ist nicht Ziel der Meditation, uns zu versteinern. Sie soll uns nicht zu einem gefühls- und gedankenlosen Brocken Materie machen, auch nicht zum steinernen Abbild eines Buddhas, einer Buddhastatue aus Granit, sondern zu wachen, lebendigen, wissenden, liebevollen Wesen.

Wir müssen uns also nicht stocksteif auf ein Meditationskissen setzen, die Wand anstarren und verzweifelt versuchen, gefühllos zu werden und jeden Gedanken im Keim zu ersticken. Das wäre so, als würde die Sonne versuchen damit aufzuhören, Licht und Wärme auszustrahlen. Ein mühsames, sinnfreies Unterfangen.

Wenn ich eine unruhige, hungrige Kuh an einen Pflock binde, dann wird sie versuchen, sich loszureißen. Sie wird immer unruhiger und nervöser werden. Sinnvoller ist es, sie auf eine Wiese zu stellen. Da wird sie vielleicht ein wenig herumspringen, fressen und sich irgendwann hinlegen, um wiederzukäuen, sie kommt ganz von selbst zur Ruhe.

Was Meditation ist

„Entspanne dich im nicht beschreibbaren Zustand.
Sei gelöst und offen, ohne an irgendetwas festzuhalten."

Götsangpa [54]

Eine buddhistische Lehrerin sagte einmal zu mir: „In einer Sitzung hundert Mal abschweifen und hundert Mal wieder zurückkehren, das ist Meditation."

Gedanken und Gefühle sind flüchtiger Natur. Sie entstehen, bewegen sich durch das Feld unserer Aufmerksamkeit und vergehen wieder, so wie die Bläschen in einem frisch gezapften Bier entstehen, emporsteigen und spurlos wieder verschwinden. Gedanken und Gefühle sind Seifenblasen und keine Panzerglaskugeln.

Also: Keine Angst vor Gedanken und Emotionen! Sie sind der spontane Ausdruck unserer ursprünglichen Bewusstheit. Sie werden erst dann zum Problem, wenn sie zu einer fixen Traumwelt gerinnen.

Oft sind wir wie gebannt von einem Strom ununterbrochener Assoziationen, einer lückenlosen Kette von Vorstellungen und Befürchtungen, einem endlosen Ping-Pong-Spiel, in dem unsere Aufmerksamkeit einem kleinen weißen Ball gleicht, der ohne Unterlass zwischen Gedanken auf der einen und Emotionen auf der anderen Seite hin- und hergeschmettert wird. In diesem fortwährenden Traum gibt es keine Freiheit. Wir sind darin gefangen wie ein Hamster in seinem Rad. Das Problem ist nicht das Denken, sondern das Grübeln, das Nachdenken, das Hinterherdenken.

In der Meditation befreien wir unsere Aufmerksamkeit aus dem kleinen herumspringenden Ball und erlauben ihr, sich auszudehnen. In diesem Raum der Aufmerksamkeit erlauben wir unseren Gedanken und Gefühlen aufzusteigen und sich aufzulösen. Unsere Aufmerksamkeit wird nicht länger von unserem Fühlen und Denken kontrolliert, sondern öffnet einen Raum, in dem Gedanken erscheinen und sich wieder auflösen können.

In der Meditation geht es gar nicht um Gedanken und Gefühle, sondern um Aufmerksamkeit. Wir versuchen nicht, das Denken abzuschaffen, sondern wir nehmen uns die Freiheit heraus, Gedanken zu- und wieder loszulassen.

„Dass die Schwalben über deinem Kopf kreisen, kannst du nicht verhindern. Aber dass sie Nester in deinen Haaren bauen, das kannst du verhindern."

Chinesisches Sprichwort

Shamatha und Vipassana – den Geist beruhigen, den Geist verstehen

Meditation ist Wachsein, Aufmerksamkeit. Chögam Trunkpa Rinpoche, ein tibetischer Meditationsmeister, malte einmal einen Vogel auf ein Blatt Papier und fragte seine Schüler: „Was seht ihr hier?"

Sie antworteten: „Einen Vogel."

Er sagte: „Nein, ihr seht den Himmel, in dem ein Vogel fliegt, den Raum um den Vogel herum."

Wir sind daran gewöhnt, uns auf die Phänomene zu fokussieren, wir kleben an unseren Gedanken und Gefühlen wie Fliegen an einem Fliegenfänger. In der Meditation gewöhnen wir uns daran, den Raum wahrzunehmen, in dem die Phänomene sich ereignen, in dem Denken und Fühlen geschieht. Dieser Raum ist Aufmerksamkeit.

Buddhistische Meditation hat zwei Aspekte: den Geist beruhigen (Shamatha) und den Geist verstehen (Vipassana). Oder: Entspannung und Aufmerksamkeit. Solange wir auf dem Kirmeskarussell von Denken und Fühlen unsere Runden drehen, sehen wir die Welt als unklares buntes Kreisen vorbeirasen.

Vipassana bedeutet „Einsicht" oder „klares Sehen". Um ein klares Sehen zu ermöglichen, müssen wir unseren umherwandernden, getriebenen Geist zur Ruhe bringen. Dies geschieht nicht, indem wir ihn anbinden und ihm einen Sack über den Kopf stülpen wie einem nervösen, reizbaren Affen, sondern indem wir ihn in den Garten der Aufmerksamkeit entlassen.

Meditation heißt: Wieder und wieder unterbrechen wir den mechanischen Strom unserer Assoziationen, treten einen Schritt zurück (Shamatha) und ermöglichen uns zu erkennen, was da überhaupt abläuft (Vipassana).

Der eigentliche Punkt in der Meditation ist nicht das ruhige Verweilen, sondern Einsicht und Bewusstheit. Vipassana ist das

Erkennen unserer wahren Natur, unser Erwachen als bewusstes, aufmerksames Wesen. Shamatha schafft lediglich die Voraussetzungen dafür, den Boden für unsere Aufmerksamkeit.

Selbst wenn wir tausend Jahre lang selig lächelnd in erhabener Ruhe verweilen, ohne den kleinsten Gedanken und die leiseste emotionale Regung, macht uns das nicht zum Buddha. Der Buddha ist „der Wache", nicht „der selig Ruhende".

Um allerdings einen Raum von Wachheit zu öffnen, in dem Gedanken und Gefühle klar erscheinen und vergehen können, müssen wir aus dem Gedankenkarussell aussteigen.

„Ruhiges Verweilen" ist keine gefühlsleere Gedankenlosigkeit, sondern Entspannung. Und „Einsicht" ist kein Herum-Analysieren, sondern wache Aufmerksamkeit, ein klares Sehen dessen, was in diesem Moment passiert.

Achtsamkeit

„Wenn du Wasser nicht aufwühlst, ist es klar.
In der gleichen Weise solltest du den Geist unverändert
*   lassen.*
Lasse die sechs Sinneswahrnehmungen ungehindert,
*   wie sie sind,*
wie die Sonne am wolkenlosen Himmel.
Sei immer und bei allen Beschäftigungen unzerstreut."

Dagpo Rinpoche[55]

Meditation ist also entspannte Aufmerksamkeit oder entspannte Achtsamkeit. Wir erlauben dem Buddha in uns, unserem natürlichen Geist, der ursprünglichen Bewusstheit, einfach zu sein. Wieder und wieder. Sobald wir merken, dass wir auf das Gedankenkarussell geraten sind, steigen wir wieder ab. Dabei ist das Karussell an sich kein Problem. Wir erlauben ihm, sich zu drehen und Karussell zu sein. Das Problem beginnt dort, wo wir von der Drehung erfasst werden und nicht mehr in der Lage sind, auszusteigen. Achtsamkeit erlaubt uns, das Spiel unserer Gedanken mit einem gewissen Abstand zu betrachten, ohne von jeder Bewegung mit fortgerissen zu werden. Diese Achtsamkeit ist keine künstliche, verspannte, sondern einfache, natürliche, offene Wachheit.

Um in einer Menschenmenge, etwa auf dem Oktoberfest, einen Freund nicht zu verlieren, ist es nicht nötig, sich mit Handschellen an ihn zu ketten. Es reicht, ihm ganz leicht die Hand auf die Schulter zu legen oder ihn einfach nicht aus den Augen zu lassen. Achtsamkeit ist keine verbissene Konzentration.

Die Art und Weise, wie wir gewöhnlich mit Gedanken und Gefühlen verfahren, gleicht dem vergeblichen Versuch, am Hauptbahnhof in jeden Zug, der einfährt, einzusteigen. Auf Gleis acht, der TGV nach Paris; ich steige ein, setze mich in den Speisewagen – und sehe auf Gleis neun die Regionalbahn nach Füssen, steige aus, haste hinüber; aber ach, auf Gleis zehn, der ICE nach Hamburg … Jeder Gedanke, jedes Gefühl – überall steigen wir ein und wollen mitfahren. Anstatt uns einfach mal hoch ins Café zu setzen, einen Latte macchiato zu schlürfen und ganz entspannt dabei zuzusehen, wie die Züge einfahren und wieder ausfahren.

Wir müssen nicht auf jeden Gedankenzug, der vorbeifährt, aufspringen! Die meditative Achtsamkeit gleicht mehr dem entspannten Sitzen oben im Café. Sie ist kein Herumrennen auf dem Bahnsteig, kein hektisches Schauen auf den Fahrplan, kein Checken der Uhrzeit, zur Information Hasten, den Schaffner Befragen. Wir setzen uns einfach hin, legen die Beine hoch, schlürfen unseren Latte macchiato und beobachten, was unten so passiert. Das ist Meditation: entspannte Aufmerksamkeit.

Ohne Meditation, ohne entspannte Aufmerksamkeit ist es, als irrten wir seit unserer Geburt in den Häuserschluchten einer Großstadt umher. Geboren in Manhattan, haben wir diese Stadt mit all ihrem Lärm und Gestank, mit all ihrer Hektik und Geschäftigkeit nie verlassen, haben nie die weiten Prärien gesehen, kennen nicht ihre Stille, ihre klare Luft und denken, der Himmel sei ein schmaler Streifen, oben, zwischen den Fassaden der Wolkenkratzer.

Aber wir sind Buddhas, wach und bewusst. Keine Erfahrung ist ohne Bewusstheit möglich. Nur unsere chronische Verspannung, unser krampfhaftes Klammern an jede emotionale und gedankliche Regung sperrt die offene Weite unserer Aufmerksamkeit in den weißen Ping-Pong-Ball.

Sobald wir uns entspannen, befreit sich unsere Bewusstheit von selbst und öffnet sich zu einer klaren, durchlässigen, unbegrenzten Weite. Also: Entspann dich und sei, was du bist – wach.

Jenseits von Gut und Böse

Wenn wir meditieren, dann sind wir jenseits von Gut und Böse. In der Meditation gibt es keine guten Gedanken und keine schlechten Gedanken, keine guten Emotionen und keine schlechten Emotionen.

Wenn Wut auftaucht – gut, da ist Wut. Kein Problem. Wir lassen sie auftauchen und vertrauen darauf, dass sie sich wieder verflüchtigt. Wir sind einfach nur aufmerksam. Weder versuchen wir die Wut zu unterdrücken, noch gießen wir Öl ins Feuer und nähren sie mit dem Brennstoff unserer egozentrischen Storys. Wir entspannen uns einfach in Aufmerksamkeit. Wieder und wieder und wieder. That's it. Es steckt kein großes Geheimnis dahinter. Meditation ist keine okkulte mystisch-magisch-esoterische Praktik, sondern schlicht und einfach die Übung darin, uns in Aufmerksamkeit zu entspannen.

Egal was passiert, egal was meine Mitbewohner vor der Tür treiben, egal was für infame, häretische Gedanken auch immer in meinem Kopf erscheinen, nichts davon hat eine eigenständige, stabile Existenz, nichts davon kann mich verderben und beschmutzen. Buddhanatur, unsere einfache, klare Bewusstheit, ist absolut unverletzlich und unbeschmutzbar.

Meditation ist Loslassen. Wir üben uns darin, wieder und wieder unsere Faust zu öffnen und loszulassen. Wieder und wieder lassen wir Gedanken und Gefühle los. Alles darf erscheinen, darf durch den weiten Raum unserer Aufmerksamkeit kreisen, aber nichts darf sich einnisten. Und dabei machen wir keinen Unterschied zwischen heilig und profan, rein und unrein, hässlich und schön. Wir lassen die hässlichen Dinge erscheinen und lassen die schönen los. Alles darf ein- und wieder abfahren; ICEs und schäbige, alte Bummelzüge. Wir machen uns vertraut mit dem Geschmack von reinem Tequila, ganz egal womit er gerade gemischt ist. Wir lassen uns nicht von den unterschiedlichen Erfahrungen beeindrucken. Ganz egal was im weiten Raum unserer Wachheit erscheint, ob Dämon oder strahlender Buddha, ob Schmerz in den Beinen oder überschäumende Glückseligkeit – wir lassen es wieder und wieder los.

Die Erscheinungen werden erst dann zum Problem, wenn wir sie fixieren und festhalten. Erst dann reagieren wir mit Abwehr auf bedrohliche Erscheinungen und gierig auf die begehrenswerten, verlieren uns in Jagd und Flucht und verstricken uns in Probleme.

Also: Egal was auch immer erscheint, du bleibst entspannt und geschmeidig.

Ein weiterer Aspekt: Mit der Zuflucht haben wir begonnen, nach innen zu schauen. Auch Meditation ist Innenschau, Inventur; gewissermaßen vertiefen wir einfach die Zuflucht. Wir entspannen uns im Auge des Sturms und betreiben „Nabelschau". Anstatt wie paralysiert nach außen zu starren, erlauben wir unserem Bewusstsein, entspannt sich selbst zu betrachten.

Wir betrachten unser Inneres, wie wir den Himmel anschauen. Wir vergewissern uns, dass er keine blaue Fläche ist, die von Wolken verdeckt werden kann, sondern offener, weiter Raum –

genug Raum für das reibungslose, spontane Spiel der Wolken. Wir schauen entspannt und die Wolken beeinträchtigen uns nicht. Weiße Wolken, dunkle Gewitterwolken – wir beobachten, wie sie sich zusammenballen und wieder auflösen, und werden ganz entspannt zu Wolkenexperten.

Wir entspannen uns in Aufmerksamkeit, werden vertraut und vertrauter mit ihrem Geschmack und verstehen zugleich immer besser, was in diesem wachen Raum erscheint, wie es erscheint und wie es sich wieder verflüchtigt. Wir werden vertraut mit unserem Geist und seinen Projektionen. Wir verstehen langsam das ganze Kino. Leinwand, Projektor, Film und all die Horror- und Pornostreifen fesseln uns nicht mehr. Wir öffnen stattdessen die Flügel von Weisheit und Mitgefühl und gleiten entspannt wie ein Adler durch die offene Weite unserer Aufmerksamkeit.

„Tue nichts mit dem Geist, was es auch sein mag – verweile in einem authentischen, natürlichen Zustand. Der eigene Geist, unerschütterlich, ist Wirklichkeit. So zu meditieren, ohne zu schwanken, ist der Schlüssel. Erfahre die große Wirklichkeit jenseits der Extreme. […] In einem klaren Ozean steigen Blasen auf und platzen. Ebenso sind die Gedanken nicht von der höchsten Wirklichkeit verschieden. Also beanstande nichts, bleibe gelassen. Was immer erscheinen mag, was auch geschieht, greif nicht – lass auf der Stelle los. Erscheinungen, Klänge, Objekte sind der eigene Geist; es gibt nichts außer dem

Geist. Der Geist geht über Geburt und Tod hinaus. Die
Natur des Geistes, reines Gewahrsein, nutzt zwar die
Objekte der fünf Sinne, schweift aber niemals von der
Wirklichkeit ab. [...]

Im Zustand des kosmischen Gleichgewichts ist nichts
aufzugeben oder zu üben. Weder Meditation noch
Nach-Meditation."

Niguma [56]

Die Form der Meditation

Meditation ist eigentlich nicht an eine bestimmte Form gebunden. Sie ist ein offener, entspannter Zustand der Wachheit und Aufmerksamkeit. In dieser Aufmerksamkeit können wir entspannen, wenn wir sitzen, stehen, gehen oder Fahrrad fahren, unter der Dusche oder beim Liebe machen ... eigentlich.

Tatsächlich sind wir so gebannt von unserer Wahrnehmung und von emotionalen und mentalen Filmen, derart gewöhnt an das ewige Kreisen des Karussells, dass es durchaus erst einmal hilfreich ist, uns unter „Laborbedingungen" mit dem Geschmack wacher Aufmerksamkeit vertraut zu machen. Allein das Forschungsinstitut Buddhismus verfügt über eine ganze Reihe unterschiedlicher Laboratorien, über eine große Vielzahl verschiedener Meditationsmethoden.

All diese Methoden sind jedoch Wege zum selben Gipfel.

Dieser Gipfel ist die Erfahrung unserer Buddhanatur, jener wissenden, empathischen Aufmerksamkeit.

Darüber hinaus ist entspannte Aufmerksamkeit der gemeinsame Kern all dieser Methoden. Jede buddhistische Meditation kann unter diesen zwei Aspekten verstanden werden: Entspannung (Shamatha) und Aufmerksamkeit (Vipassana). Ich will dir im Folgenden zwei Arten der Meditation beschreiben: Zazen (japanisch „sitzen") und Tonglen (tibetisch „geben und nehmen"). Vorher aber ein paar ganz allgemeine praktische Hinweise zum Meditieren. Und dann: Schnapp dir ein Kissen, setz dich in eine ruhige Ecke und mach deine eigenen Erfahrungen. Du kannst damit direkt heute anfangen.

Haltung

Die ideale Haltung ist der sogenannte Lotossitz. Der Buddha ist meist in dieser Position dargestellt (Buddhastatuen sitzen heute in jedem Einrichtungsladen herum, daher hat wohl jeder schon einmal gesehen, wie ein Buddha sitzt). Nimm wenn möglich die Haltung eines Buddha ein. Lege also den rechten Fuß auf den linken Oberschenkel und den linken Fuß auf den rechten Oberschenkel. Leichter fällt den meisten der „halbe Lotossitz", bei dem man den linken Fuß mit angewinkeltem Bein an den Körper zieht und den rechten Fuß auf dem linken Oberschenkel platziert. Sitze gerade und aufrecht, als zöge dich jemand an einem Faden, der an deinem Scheitel befestigt ist, nach oben. Senke ganz leicht deinen Kopf, halte deine Augen halb offen (wenn du die Augen schließt, dann erhöht sich das Risiko, dass du anfängst, herumzuträumen). Lege die Zungenspitze leicht oben an die Zähne (das erleichtert das Abfließen des Speichels, sodass du nicht ständig schlucken musst), und lass deine Hände mit den Handflächen auf den Knien oder ineinandergelegt unter dem Nabel ruhen.

Das ist die ideale Haltung eines Buddha. Wer so nicht sitzen kann oder mag, der kann trotzdem meditieren! Wichtig ist, dass wir stabil, entspannt und aufrecht sitzen. Körper und Bewusstsein bilden eine Einheit. Es fällt uns leichter, unseren Geist zu entspannen, wenn auch der Körper ruht.

Ob wir nun auf einem Stuhl, auf einem Hocker, auf einem Meditationskissen oder in einem Sessel sitzen – aufrecht, entspannt und stabil ist wichtig, sodass wir eine Weile sitzen können, ohne herumzuzappeln.

Es macht Sinn, ein bisschen herumzuprobieren, bis man seine persönliche Haltung gefunden hat, und wir sollten besser ein weniger buddhamäßiges Bild abgeben, als uns in eine Haltung hineinzuzwängen, die uns allzu große Schwierigkeiten bereitet. Wenn wir länger sitzen, wird uns ohnehin *jede* Haltung irgendwann unbequem erscheinen!

Wenn mich jemand nach einem Zen-Sesshin (einem intensiven Meditationswochenende) gefragt hätte: „Was ist die Essenz des Buddhismus?", dann hätte ich geantwortet: „Schmerzende Beine". Aber keine Angst. Man gewöhnt sich an die Haltung und sitzt irgendwann gern so.

Zeit, Dauer und Häufigkeit

Wann, wie lange und wie oft sollten wir meditieren? Wenn wir uns einmal die Woche zehn Minuten hinsetzen, dann ist das besser als nichts. Tendenziell gilt wohl: Je mehr Zeit wir uns nehmen, umso erfolgreicher werden wir sein. Wir sind Gewohnheitstiere. Um alte Gewohnheitsmuster aufzulösen und neue zu etablieren, benötigen wir Zeit und stete Wiederholung. Meditation ist keine schnelle Methode!

Wichtiger jedoch als die Dauer einzelner Sitzungen scheinen mir Wiederholung und Regelmäßigkeit. Wer kennt nicht Folgendes? Ab Montag werde ich joggen gehen! Am Montag dann: Wir schlüpfen in unsere Joggingschuhe, laufen voll motiviert eine Stunde durch die Gegend und kommen erschöpft zu Hause an. Dienstag: Muskelkater! Wir verschieben unser Training auf Mittwoch. Mittwoch: Draußen regnet es in Strömen, also vielleicht doch besser morgen. Donnerstag: Freunde kommen zu Besuch, gut, verschieben wir das Training aufs Wochenende … Wie beim Laufen werden wir auch für die Meditation immer Ausreden finden! Es scheint immer Wichtigeres zu geben.

Nur leider funktioniert es so nicht. Egal ob ich Sport treiben oder ein Instrument lernen will, es geht nicht ohne regelmäßige Wiederholung. Wenn ich einen Joystick in die Hand nehme und versuche, ein Autorennen damit zu spielen, dann eiert der virtuelle Rennwagen auf dem Bildschirm im Zickzack von einer auf die andere Straßenseite, und es dauert nicht lange, bis ich von meinen Konkurrenten überrundet werde. Ich kann es einfach nicht, weil ich es nie geübt habe.

Wenn wir vom Sinn und Nutzen der Meditation überzeugt sind, dann könnten wir damit beginnen, uns *jeden* Tag *fünf Minuten* Zeit dafür zu nehmen. Den Wecker fünf Minuten früher stellen oder abends fünf Minuten früher den Fernseher ausmachen oder den Rechner runterfahren.

Jeden Tag fünf Minuten hat mehr Sinn als einmal die Woche eine Stunde! Und die Gefahr, nach einem Monat wieder aufzuhören, ist weniger hoch, wenn wir uns keine yogischen Hochleistungen zumuten, sondern uns erst einmal mit fünf Minuten begnügen. Es ist geschickter, fünf Minuten lang wirklich wach und aufmerksam, mit klarem, frischem Geist zu sitzen, als eine Stunde vor sich hin zu dämmern. Wir meditieren, um uns an den Geschmack wacher Bewusstheit zu gewöhnen, nicht um unsere Gewohnheit des Dämmerns und Tagträumens zu unterstreichen. Deshalb sind kurze Sitzungen oft sogar effektiver als lange.

Wenn wir die Zeit dazu haben, können wir natürlich mehrere kurze Sitzungen aneinanderreihen. Wer zum Beispiel Yoga macht, der kann sein Yoga-Set mit einer fünfminütigen Meditation beginnen und beenden oder auch zwischendurch mal fünf Minuten meditieren.

Wenn du nicht bereit bist, jeden Tag fünf Minuten deiner Zeit zu investieren, dann ist Meditation vielleicht nicht der richtige Weg für dich. Meditation sollte wie Zähneputzen sein. Wir tun es einfach, ohne groß zu überlegen. Egal ob es regnet oder ob die Sonne scheint, egal ob wir uns gut fühlen oder ob wir schlechter Laune sind.

Um es einfach zu tun, um einfach zu meditieren, macht es Sinn, es mehr oder weniger immer zur selben Zeit zu tun, etwa jeden Morgen direkt nach dem Zähneputzen. Es wird dir dann leichter fallen, aus deiner Alltagsgeschäftigkeit in einen Meditationsmodus zu wechseln, weil dein Gehirn sich merkt: Um die und die Zeit ist entspannte Aufmerksamkeit angesagt. Irgendwann wirst du vielleicht Spaß an der Sache entwickeln, und fünf Minuten werden dir etwas kurz erscheinen. Dann kannst du dein Pensum natürlich erhöhen ... auf zehn Minuten ... fünfzehn Minuten ... dreißig Minuten.

Morgens ist kein schlechter Zeitpunkt. Abends sind wir in der Regel müder und haben einen langen, geschäftigen Tag hinter uns.

Ich meditiere seit etwa siebzehn Jahren, mein halbes Leben, inzwischen jeden Tag etwa zwei Stunden, Tendenz steigend. Ich will damit nicht angeben (und zwei Stunden sind auch recht kläglich, gemessen an meinen Vorbildern), sondern sagen: Jeden Tag zwei Stunden zu meditieren, das kann wirklich Spaß machen! Und wenn ab und zu mal was dazwischenkommt, dann ist das auch nicht der Weltuntergang, wir müssen uns dafür nicht schämen. Wir setzen uns einfach am nächsten Morgen wieder auf unser Kissen.

Die Meditation kann uns niemand abnehmen. Wir sind selbst für unsere Übung verantwortlich. Aber es kann dennoch sehr hilfreich und motivierend sein, gelegentlich mit anderen Menschen gemeinsam zu meditieren. „Wo zwei oder drei in meinem Namen versammelt sind, da bin ich mitten unter euch!"

Ich habe die Erfahrung gemacht, dass Meditation in der Gruppe ziemlich kraftvoll sein kann. Sie kann uns über uns selbst hinausführen, und die Wachheit der anderen kann uns durch persönliche müde Momente hindurchtragen. Mittlerweile gibt es in jeder Kleinstadt verschiedene Meditationsgruppen. Schau sie dir an und schau, ob dir eine davon gefällt.

Meditationsritual

Wir können getrost ganz formlos meditieren: einfach hinsetzen und los geht's, einfach entspannt und wach sein. Ein kleines Ritual kann uns allerdings dabei helfen, aus unserem Alltagsfilm auszusteigen. Wir können zum Beispiel ein Räucherstäbchen anzünden, uns verneigen und das Zufluchtsgebet rezitieren (siehe „Zuflucht" oder am Anfang der Tonglen-Übung).

Es wird gesagt, jede buddhistische Meditation beginnt mit der Zuflucht und dem Erinnern von Bodhichitta und endet mit einer Widmung. Zum Abschluss widmen wir unsere Praxis nämlich dem Wohle aller Wesen. Wir sitzen also nicht isoliert, sondern verbunden mit allem Leben. Mit und für unsere Eltern, unsere Kinder, Freunde, Nachbarn, Feinde, für unseren Hund, die Vögel am Himmel, die Fische im Ozean und die Ameisen in der Küche – wir praktizieren mit und für alle fühlenden Wesen.

In deinem persönlichen Ritual kannst du jedoch auch jeden anderen Text laut oder leise lesen, ein Gebet, ein Gedicht, einen Satz aus deinem Lieblingscomic – irgendeinen Text, der dich inspiriert und der deinen Geist in eine bestimmte Richtung ausrichtet, der dich offen und wach macht.

Ein solches kleines Ritual kann dir helfen, deinen geschäftigen, unruhigen Geist, deinen Affengeist zu überlisten. Dein Hirn wird mit der Zeit abspeichern: Bei diesem bestimmten Duft, wenn dieser Klang ertönt, diese Haltung eingenommen und diese Worte gesprochen werden, dann sind Entspannung und Aufmerksamkeit angesagt.

Ein Anker für den Affengeist

Jeder, der es mit der Meditation mal versucht hat, kennt wohl Folgendes: Ich setze mich hin, entspanne mich, bin ganz aufmerksam – und dann geht es los! Ich muss noch einkaufen gehen fürs Mittagessen! Tofu! Ich muss noch Tofu kaufen! Ob Sarah mich wohl zurückruft? Ich hab noch ihr veganes Kochbuch. Ich würde ihre Freundin gern mal wiedersehen! Süße Kleine ... aber irgendwie verdorben ... wie aus einem Bukowski-Roman ... und ihre Titten ... mit der wär ich gern mal allein ... mal Sarah nach ihrer Nummer fragen! Ach, und ich brauch unbedingt noch die Nummer von diesem Plattenladen, mal anrufen und fragen, ob die diese Amon-Düül-Scheibe haben, geiler Sound, fast so geil wie der Remix auf der Party letzten Samstag ...

Kürzlich träumte ich, dass einer meiner Freunde plötzlich ein Haus in Thailand hatte. Er wollte eine Art Club daraus machen, aber seine Eröffnungsveranstaltung misslang kläglich. Es kamen nur ein paar Leute und um zwölf war die Party wieder vorbei. Während meiner Morgenmeditation ertappte ich mich dann immer wieder dabei, wie ich herumüberlegte: Wir müssen ordentliche DJs organisieren! Einheimische, die Locals anziehen, und Ausländer für die Touristen. Und wir müssen das Haus herrichten! Das Ganze braucht einen gewissen Stil und sollte sich von den anderen Clubs in der Gegend abheben. Mal sehen, wie viel Geld wir überhaupt zur Verfügung haben ...

Völlig bescheuert! Wir haben ja gar keinen Club in Thailand! Aber wenigstens war ein Traum die Ursache für meine Überlegungen; oft genug verliere ich mich in Tagträume, die völlig aus der Luft gegriffen sind!

So kann es uns gehen und dann sind unsere fünf Minuten plötzlich vorbei und wir waren weder entspannt noch aufmerksam, sondern es war einfach nur eine fünfminütige Karussellfahrt. Darum brauchen wir einen „Anker", etwas, was uns immer wieder in den gegenwärtigen Moment zurückholt.

Alles Mögliche kann uns als Anker dienen. Ein Bild des Buddha, eine Kerze, ein Stein, ein Mantra, ein visualisiertes Bild oder der Schmerz in unseren Beinen. Auch unsere Kinder, die sich im Nebenzimmer streiten, können uns aus unserem Film wieder ins Hier und Jetzt zurückholen. Schmerzen und Lärm sind Freunde der Meditation, sie verbinden uns immer wieder mit dem gegenwärtigen Augenblick.

Es ist völlig egal, was für ein Meditationsobjekt wir uns aussuchen, wir können auch ein Bild unserer Freundin vor uns auf den Boden legen (vorausgesetzt die Betrachtung dieses Bildes löst keinen inneren Aufruhr in uns aus). Das Meditationsobjekt ist lediglich ein Anker, ein Bezugspunkt für unsere Aufmerksamkeit. Wir betrachten diesen Gegenstand einfach, ohne über ihn nachzudenken. Wir fangen nicht an, daran herumzuanalysieren und uns Geschichten dazu auszudenken, sondern wir lassen einfach nur ganz entspannt unsere Aufmerksamkeit darauf ruhen.

Ein weiterer Anker, einer, der immer zur Verfügung steht und der darüber hinaus „entspannte Aufmerksamkeit" mit unserem Alltag verlinken kann, ist unser Atem.

Der Atem

Unser Leben beginnt mit einem Atemzug, und Sterben ist einfach ausatmen, ohne danach wieder einzuatmen. Wir können nicht leben, ohne zu atmen. Unser Atem verbindet uns mit dem Leben um uns herum. Über den Atem findet ein ununterbrochener Austausch zwischen den Wesen statt.

Atmen kann jeder, wir müssen es nicht lernen. Und unser Atem eignet sich wunderbar als Anker in unserer Meditation und wird in vielen Meditationstraditionen als solcher genutzt, beispielsweise im Zazen, der Zen-Meditation.

Einfach sitzen – Zazen

„Wir sollten Zazen praktizieren wie jemand, der im Sterben liegt. Für ihn gibt es nichts, auf das er sich verlassen

kann. Wenn ihr es so versteht, wird euch nichts mehr täuschen."

Shunryu Suzuki Roshi [57]

Es trug sich zu, dass sich eine große Anzahl von Mönchen und Nonnen auf dem Geierberg, einer markanten Erhebung im heutigen indischen Bihar, um den Buddha herum versammelte, um einer seiner Lehrreden zu lauschen. Aber anstatt zu sprechen, anstatt auch nur ein Wort zu sagen, hielt der Buddha schweigend eine Blume in die Höhe. Keiner der Versammelten verstand diese spezielle wortlose Unterweisung, nur der alte Mönch Maha Kashyapa antwortete auf die Geste des Buddha mit tiefem Gelächter.

Diese Begebenheit begründet eine Tradition innerhalb des Buddhismus, die bis heute lebendig ist. Hierzulande ist diese Tradition allgemein als „Zen" (japanisch Zen, chinesisch Chan, sanskrit Dhyana, deutsch Meditation) bekannt.

Im Zen zählt nur die direkte eigene Erfahrung. Gelehrsamkeit, Bücherwissen, jedes intellektuelle Konzept gelten als Wissen aus zweiter Hand, das der eigentlichen Weisheit, die ein direktes Sehen und Erfahren ist, im Weg steht. Wie es bereits dem Wort Zen (also „Meditation") zu entnehmen ist, konzentriert sich die Praxis dieser Tradition eben auf Meditation als Methode, um Weisheit und Mitgefühl zu verwirklichen.

Zen hat seinen Ursprung in der schweigenden Geste des Buddha. Über seinen Schüler Maha Kashyapa wurde es jenseits von Worten bis an den indischen Mönch Bodhidharma (den

28. Patriarchen der Zen-Tradition) übermittelt, der diese spezielle Form des Meditationsbuddhismus nach China brachte, von wo aus er sich schließlich über ganz Ostasien verbreitete.

Die Zen-Tradition ist bis heute lebendig. In einer ununterbrochenen Kette von Meistern und Schülern, beginnend beim historischen Buddha selbst, wurde ein sorgsam gehüteter Schatz an Erfahrungswissen bis in unsere Zeit weitergegeben, ein Wissen um unsere „wahre Natur", um Geist, um einfache nackte Bewusstheit. Der Weg, der es uns erlaubt, diese „wahre Natur" zu erfahren und auszudrücken, wird Zazen (japanisch „Sitzen") genannt.

Zazen

Wir sitzen wie ein Buddha, aufrecht und entspannt, und entspannen uns in Aufmerksamkeit. Wir sitzen einfach nur da, ganz natürlich und sind wach und präsent. Wir sind offen wie ein spiegelblanker See unter wolkenlosem Himmel. Wir spüren den Boden unter uns, die Temperatur im Raum, sehen die Struktur der Wand oder die Muster und Farben des Teppichs, hören die Geräusche, die um uns herum zu hören sind, aber verfangen uns nicht darin. Wir verschließen uns den Sinneseindrücken nicht und folgen ihnen nicht. Wir lassen einfach alles, wie es ist, ohne uns einzumischen und zu urteilen.

Wir atmen ein und atmen wieder aus, atmen ein und atmen wieder aus ... ganz natürlich, ohne unseren Atem irgendwie zu beeinflussen.

Sobald uns bewusst wird, dass wir denken, kehren wir schmunzelnd zu unserem Atem zurück und spüren, wie sich unser Nabel hebt und senkt oder wie die Luft beim Ein- und Ausatmen unsere Nasenflügel streift.

Und wir entspannen uns in wacher Präsenz. Wir verkriechen uns nicht und albern nicht in der Gegend herum, sondern verweilen offen, entspannt und wach an der Peripherie zwischen Innen und Außen. Und wenn ein Gedanke erscheint, dann lassen wir ihn los und kehren zu unserem Atem zurück.

Eine Variation: Wir zählen unsere Atemzüge von eins bis zehn. Einatmen eins, Ausatmen zwei, Einatmen drei, Ausatmen vier ... Angelangt bei zehn, fangen wir wieder bei eins an. Einatmen eins, Ausatmen zwei ...

Wenn wir abschweifen, Gedanken oder Gefühlen nachjagen oder uns von Geräuschen und Gerüchen stören lassen, fangen wir schmunzelnd wieder bei eins an. Einatmen eins, Ausatmen zwei ...

Dieses Zählen von eins bis zehn ist eine Art Raster, vor dem wir die Bewegung unseres Bewusstseins beobachten können, ohne uns allzu lange in Filmen zu verlieren. Es kann schon vorkommen, dass wir, ohne es zu bemerken, bis dreiundzwanzig zählen. Dann fangen wir schmunzelnd wieder bei eins an: Einatmen eins, Ausatmen zwei ...

Eigentlich geht es weder um unseren Atem noch um die Zahlenreihe, sondern um Aufmerksamkeit. Gelingt es uns, wach und präsent zu sein, dann brauchen wir keinen Anker.

Wir können ihn benutzen, sobald wir merken, dass wir schläfrig werden oder uns in Assoziationen, Überlegungen und Alltagsgedanken verlieren.

Meditation ist wie Seiltanzen. Konzentrieren wir uns zu sehr und verspannen uns, dann stürzen wir ab. Sind wir zu unachtsam, dann stürzen wir ebenfalls ab. Wir müssen einfach einen Fuß vor den anderen setzen und uns weder verspannt konzentrieren, noch achtlos sein.

Meditation führt uns über den Abgrund der Geistesabwesenheit. Wenn wir zu dumpf und schläfrig werden, stürzen wir ab, wenn wir zu aufgeregt und unruhig sind, stürzen wir auch ab. Sobald wir uns jedoch bewusst sind: Ich bin unruhig, ich bin schläfrig, ich denke, ich bin ärgerlich, meine Beine tun weh, der Nachbar mäht seinen Rasen ... ist alles in Ordnung, weil wir *bewusst* sind!

Es ist wie beim Gitarrestimmen: Dreh ich zu weit, dann reißt die Seite, dreh ich nicht weit genug, dann klingt sie nicht. Seiltanzen will geübt sein, Gitarrestimmen will geübt sein und Meditation will auch geübt sein.

Nach einer Weile mag es scheinen, als wäre das Chaos der Gedanken noch chaotischer. Noch mehr Gedanken, noch mehr Gefühle, das Karussell dreht sich noch rasender ... Durchaus ein Zeichen dafür, dass wir langsam lernen, wie man meditiert. Es ist so, wie wenn man nach einer Party plötzlich das Pfeifen und Rauschen in den eigenen Ohren zu hören beginnt.

Noch einmal: Meditation ist keine schnelle Methode! Bodhidharma saß neun Jahre lang vor seiner Wand; Milarepa (ein großer tibetischer Yogi und Dichter) verbrachte viele Jahre in einsamen Höhlen und ernährte sich von Brennnesseln; viele der indischen Mahasiddhas (Meister des tantrischen Buddhismus) saßen Jahre ihres Lebens in den Dschungeln auf Leichenverbrennungsplätzen, und in dieser Zeit taten sie den ganzen Tag nichts anderes als zu meditieren. Aber auch, wenn wir uns nicht derart engagieren, die Meditation wird ihre Wirkung haben!

Nach jahrelangem Meditieren, jahrelangen Knieschmerzen und jahrelanger Skepsis meiner werten Mitmenschen begann ich mich zu fragen: Und? Was soll das Ganze? Hab ich mich verändert? Hat sich irgendetwas verändert? Ich werde wütend, schimpfe mit meinen Kindern, streite mit meiner Freundin, bin eifersüchtig, rauche, trinke und vögel gern ... Aber: Es hat sich etwas verändert, ich habe mich verändert, verändere mich. Ich bemerke immer schneller, wenn ich wütend bin, wenn ich mich in Tagträumen verliere, und meine Wut verdampft recht schnell wieder, meine Eifersucht löst sich recht schnell wieder auf, ballt sich wieder zusammen, löst sich wieder auf ... Und meist bin ich irgendwie ganz guter Dinge; auch wenn ich meinen Job verliere, wenn ich von meiner Freundin verlassen werde und selbst dann, wenn jemand stirbt, der mir sehr nahe ist.

Obwohl alles ziemlich ähnlich aussieht, hat sich *alles* verändert! Ein Leben ohne Meditation ist für mich schwer vorstellbar. Egal was passiert, es gibt eine Konstante in meinem Leben, einen Raum, der völlig unberührt bleibt vom äußeren Auf und Ab. Als mein Vater starb, setzte ich mich morgens auf mein Kissen. Als mich die Mutter meiner Kinder verließ – ich saß morgens auf meinem Kissen.

Nicht dass die Ereignisse mich weniger berührten! Sie berühren mich nach wie vor, tiefer vielleicht als früher. Mein Kissen ist kein Ort der Isolation, sondern ein Ort der Vernetzung!

Wenn wir meditieren, sind wir eins mit der Erde, der Sonne und den Sternen, eins mit der Wärme, dem Wind und dem Regen. Wenn wir meditieren, dann erscheint die Welt offen, in aller Schönheit und Klarheit, und wir sehen sie so, wie sie ist, nicht nur das verschwommene, verzerrte Abbild der Welt. Wenn wir meditieren, sind wir Buddhas; strahlende, wache, liebevolle Wesen und alles ist genau so, wie es gehört.

„Zazen ist nicht das Mittel zur Erleuchtung;
Zazen ist das vollendete Handeln eines Buddhas.
Zazen ist reine, natürliche Erleuchtung."

Dogen Zenji [58]

Übung des Mitgefühls – Tonglen

„Gib allen Sieg den anderen, nimm alle Verluste auf dich!"

Langri Thampa [59]

Der indische Mönch Atisha (982–1054) war einer der großen Meister, die die Lehren des Buddha nach Tibet brachten. Insbesondere lehrte er eine Praxis, die als „Lodjong", als „Geistestraining" bekannt ist und sich auf Mitgefühl konzentriert. Relatives Bodhichitta, der glühende Wunsch, zum Wohle aller Wesen Buddhasein erblühen zu lassen, und ein abgrundtiefes Mitgefühl sind die zentralen Methoden dieser Form des Geistestrainings, das Werkzeug, mit dem Selbstbezogenheit direkt und effizient zum Schmelzen gebracht wird.

Immer wenn dieser Atisha an einen seiner Lehrer dachte, faltete er dankbar die Hände über dem Kopf. Dachte er jedoch an seinen Lehrer Dharmakirti, von dem er die Lodjong-Lehren erhalten hatte, dann liefen ihm Tränen der Dankbarkeit übers Gesicht. Er hat große Mühen auf sich genommen, um diese Lehren zu bekommen. Dieses Geistestraining geht in direkter Linie auf den Buddha persönlich zurück. In Tibet wurden die entsprechenden Lehren zunächst im Geheimen weitergegeben. Im 12. Jahrhundert stieß der Kadampa-Mönch Geshe Tschekawa auf die eingangs zitierten Worte: „Gib allen Sieg den anderen, nimm alle Verluste auf dich."

Tief berührt verbrachte er die nächsten neun Jahre damit, sich diese Worte von etwa achtzig verschiedenen Lehrern erläutern zu lassen, bis er auf seinen Guru Scharawa traf, bei dem er zwölf Jahre lang blieb. Scharawa eröffnete ihm, dass es unmöglich sei, ohne das Geistestraining Buddhaschaft zu verwirklichen. Tschekawa begann, sich um die Elendsten der Armen, um die Leprakranken in der Nähe seines Klosters zu kümmern.

Er lebte gemeinsam mit ihnen und sorgte sich wie eine Mutter um sie. Und er unterwies sie in den Lehren des Lodjong.

Nun hatte er einen Bruder, der alles in allem ein unangenehmer, jähzorniger, egoistischer Typ war. Dieser Bruder belauschte ihn einmal, als er seinen leprakranken Schülern Unterweisungen zum Geistestraining gab. Heimlich begann er, diesen Unterweisungen folgend zu praktizieren, und nach einer Weile bemerkte Tschekawa erstaunt eine große Veränderung im Wesen seines Bruders. Erneut überzeugt vom unvergleichlichen Nutzen des Lodjong, beschloss er, es fortan öffentlich zu lehren. Heute ist das Geistestraining ein wichtiger Bestandteil der Praxis in allen tibetischen Orden.

Das Lodjong vertritt einen ebenso einfachen wie radikalen Ansatz. Der Praktizierende konzentriert sich absolut auf das Wohlergehen der anderen. Jedem geringsten Anflug von Selbstbezogenheit begegnet er mit einem absoluten, raumgleichen Mitgefühl.

Selbstbezogenheit wird als definitive Ursache aller Probleme, als *die* Wurzel des Leidens entlarvt und direkt enttarnt und aufgelöst. Dabei stützt sich der Übende hauptsächlich auf eine einfache Meditation namens Tonglen, was „Geben und Nehmen" bedeutet.

Verkapselt in Selbstbezogenheit, gefangen in Egozentrik greifen wir nach allem, was uns begehrenswert erscheint, und wir versuchen all das zu vermeiden, was uns missfällt. Paradoxerweise schaffen wir gerade durch dieses Verhalten die unüberschaubare Vielzahl an Problemen in unserem Leben. All unser Leid ist unmittelbares Resultat dieses zweifachen Klebens: Vermeiden-Wollen auf der einen und gieriges Greifen auf der anderen Seite. Ursache dieser kontraproduktiven Strategie ist Egozentrik, die starre Verkapselung in der Enge unserer Selbstbezogenheit.

In der Tonglen-Übung nun durchbrechen wir dieses strategische Muster und verhalten uns genau andersherum. Statt uns verzweifelt an Glück und Wohlergehen zu klammern, schenken wir es vorbehaltlos allen anderen, und statt vor Missgeschick und Schmerz zu fliehen, öffnen wir uns und nehmen das Leid aller anderen auf uns. Wir spielen nicht länger den Unbeteiligten, verschanzen uns nicht länger, sondern stellen uns mitten hinein und nehmen uneingeschränkt teil. So graben wir unserer Egozentrik schonungslos das Wasser ab und legen das ganze weitverzweigte Kanalsystem unserer Leiden und Probleme trocken.

> *„So wie eine Mutter ihren eigenen Sohn, ihr einziges Kind, mit ihrem Leben schützt, genauso sollten wir rückhaltlos unseren Geist für alle Lebewesen öffnen."*
>
> *Sutta Nipata*[60]

Wie sieht das praktisch aus? Wieder sitzen wir aufrecht und nutzen unseren Atem. Wir stellen uns vor, dass wir Atemzug für Atemzug das ganze unendliche Leid einatmen; jede Krankheit, jedes Wehwehchen, alle Sorge, jeden Schmerz. Liebeskummer, Zahnweh, Menstruationsbeschwerden, Hunger, Depression und Wahnsinn – das ganze Leid aller Wesen bis auf den allerletzten Krümel atmen wir ein wie dunklen, zähen Rauch. Wohin? In den weiten, unverletzlichen Raum von Shunyata. Dort löst sich der ganze Albtraum auf, erweist sich als völlig substanzlos.

Dann, mit dem Ausatmen, schenken wir alles her, was uns irgendwie gut und wünschenswert erscheint, ohne irgendetwas zurückzuhalten. Alle Freude, alles Glück und Vergnügen schenken wir allen Wesen. Wie helles, warmes Licht lassen wir den ganzen unermesslichen Reichtum unseres Buddhaseins aus der unerschöpflichen Quelle von Shunyata strömen und heilen und versorgen und erfreuen damit alle Wesen, bis hin zum letzten Planeten der letzten Galaxie.

Das ist das Prinzip: Gib allen Sieg den anderen, nimm allen Verlust auf dich. Wenn wir Tonglen üben, sind wir Buddhas: unendlich liebevoll und reich und unendlich furchtlos.

Und keine Angst: Am Anfang sind 10 Prozent Aufrichtigkeit genug! Wir üben Buddhasein, indem wir uns vorstellen, dass wir Buddhas sind, wissend und darauf vertrauend, dass wir ureigentlich tatsächlich Buddhas sind.

Übungsvorschlag für deine tägliche Tonglen-Meditation
Beginne mit folgender Rezitation:
Namo tassa bhagavato arhato sammasambuddhassa (Verehrung dem Erhabenen, Heiligen, vollkommen Erwachten.)

Buddham saranam gacchami
Dhammam saranam gacchami
Sangham saranam gacchami (dreimal)

Bis zum Erwachen nehme ich Zuflucht zu Buddha, Dharma und Sangha.

Mögen alle Wesen glücklich sein und die Ursachen von Glück schaffen.
Mögen sie alle frei sein von Leid und frei davon, die Ursachen von Leid zu schaffen.
Mögen sie die große Freude erfahren, die ungetrübt ist von Leid.
Mögen sie in grenzenlosem Gleichmut verweilen, frei von Anhaftung und Abneigung.

Erinnere dich an die vier grundlegenden Gedanken:

1. Das kostbare menschliche Leben: Mein Leben ist kostbar. Ich habe das volle Potenzial, die Natur meines Geistes zu erkennen. Jetzt! Meine Lebensumstände sind so, dass ich wirklich erwachen kann! Unzählige Wesen leben nicht unter solch glücklichen Umständen. Ich sollte sie nutzen!
2. Vergänglichkeit: Nichts ist stabil! Alles verändert sich unaufhörlich. Glückliche Erfahrungen kommen und gehen; leidvolle Erfahrungen kommen und gehen. Ich werde sterben. In jedem Moment sterben Menschen auf dieser Erde und andere werden geboren. Nichts ist stabil!
3. Karma: Wir sind Schöpfer unserer Erfahrungsräume. Jeder Moment ist ein Moment neuer Entscheidung.

Meine Handlungen mit Körper, Rede und Geist kreieren von Moment zu Moment meine Welt. Alles, was ich erlebe, ist Manifestation meiner gewohnheitsmäßigen Tendenzen.

4. Samsara: Solange ich mich getrennt von allem anderen erlebe und mich aufgrund dieser Absonderung in Hoffnung und Furcht verstricke, in Anhaftung und Abneigung, werde ich immer Leid erfahren. Ohne die wahre Natur des Geistes, wache Bewusstheit zu realisieren, wird sich mein Geist fortwährend in andauernder Reproduktion von Samsara erschöpfen.

Vergegenwärtige dir:
Om sobhawa schudda sarwa dharma sobhawa schudda hang.
„Alle Gegebenheiten sind von Natur aus und rein, auch ich bin von Natur aus und rein."

Verweile nun in offenem, einfachem, raumgleichem Gewahrsein.

Aus diesem Zustand liebevoller Bewusstheit wende dich innerlich einem Menschen zu, dem du liebevoll verbunden bist. Versuche diesen Menschen möglichst deutlich vor dir zu sehen, und lass spontan ein Gefühl von tiefer Liebe entstehen. Betrachte sein Leid und lass spontan tiefes Mitgefühl in dir entstehen.

Dann, mit dem Einatmen, atme all sein Leid, seinen Schmerz, seine Furcht, seinen Zorn ein. Wie dunklen Rauch nimm alles von ihm und atme es ein in die wache, glückselige und liebe-volle Offenheit in deinem Herzen. Dort löst es sich vollständig auf, schmilzt, ohne Reste zu hinterlassen, so wie Eis in heißem Wasser.

Mit dem Ausatmen strömt wache, glückselige, liebevolle Of-fenheit als warmes, helles Licht zu ihm, umfängt ihn sanft und durchdringt zärtlich sein ganzes Sein.

Mach das, solange dein Geist klar ist. Dann nimm andere Menschen mit dazu. Mutter, Vater, Kinder, Freunde, Menschen, die dir nahe sind. Ihr ganzes Leid, ihre ganze Ungeschicklich-keit – atme alles als dunklen Rauch ein, nimm es in dein Herz, wo es sich auflöst, und schenk ihnen das Licht wacher, glückse-liger, liebevoller Leerheit.

Dann dehne die Übung auf diejenigen aus, die dir gleich-gültig sind, und dann auch auf die, zu denen du ein schwieri-ges Verhältnis hast. Sie alle wollen glücklich sein und frei von Leid!

Dann öffne dich grenzenlos, atme das Leid aller Wesen ein – und beschenke sie alle mit absoluter Liebe und Freude. Je mehr Leid du einatmest, desto heller lodert das Feuer liebender Güte in deinem Herzen. Werde wie die Sonne, die ihr Licht und ihre Wärme ungehindert in den Raum strahlen lässt. Entspanne dich in einfacher, raumgleicher Wachheit.

Verweile entspannt, solange es sich gut und klar anfühlt.

Zum Abschluss rezitiere: „Alles Gute, das durch die heilsame Kraft dieser Übung entstanden ist, widme ich den fühlenden Wesen – mögen sie alle erwachen!"

Diese Anleitung ist nur ein Vorschlag. Du kannst den Ablauf beliebig verändern, denn es geht nicht um einen bestimmten Ablauf, sondern um Mitgefühl, um spontanes, authentisches Mitgefühl, um einfache, echte Liebe.

Gewöhnlich fällt es uns leichter, aufrichtige Liebe und lebendiges Mitgefühl für Menschen zu empfinden, die uns nahe sind. Aus diesem Grund kann es ratsam sein, dass wir uns in der Übung anfangs eben auf Verwandte und Freunde konzentrieren. Je lebendiger und weniger abstrakt unser Mitgefühl und unsere Liebe sind, umso wirkungsvoller wird unsere Übung sein.

Beginnen wir gleich damit, das Leid aller Wesen einzuatmen und alle mit Freude und Glück zu beschenken, dann besteht die Gefahr, dass wir uns Freude und Leid lediglich vorstellen, anstatt sie direkt zu fühlen. Es geht aber um ein echtes Gefühl, nicht um eine Vorstellung davon. Sehen wir einen Menschen vor uns, den wir tief und aufrichtig lieben, dann fühlen wir im selben Moment auch diese Liebe. Wenn dieser Mensch leidet, dann reagieren wir ganz spontan mit echtem Mitgefühl.

Traditionellerweise beginnt man damit, an seine Mutter zu denken und dann alle Liebe und alles Mitgefühl, das wir für sie empfinden, langsam auf andere Wesen auszudehnen, bis unsere Liebe schließlich alle Wesen umfasst (die nach traditioneller Vorstellung *alle* irgendwann im Laufe unzähliger Leben tatsächlich einmal unsere Mutter waren).

Hierzulande ist die Beziehung zur Mutter gelegentlich eine problembeladene, wenig liebevolle. Wir denken also an den

Menschen, den wir in diesem Moment am meisten lieben, sodass mühelos ein authentisches Gefühl von Liebe in uns entsteht. Diese Liebe dehnen wir spontan und intuitiv auf ganz konkrete Menschen aus, bis wir schließlich in der Lage sind, auch Feinde und Konkurrenten liebevoll anzunehmen und mit ihnen zu fühlen.

Der Ablauf kann von Mal zu Mal beträchtlich variieren. Einmal bleibe ich vielleicht die ganze Übung hindurch bei meiner kranken Schwester, einmal versuche ich etwa, ganz gezielt mit meinem unmöglichen Nachbarn oder mit dem Liebhaber meiner Frau zu fühlen, und ein weiteres Mal öffne ich mich direkt dem Leid aller Wesen und begegne dem ganzen Schmerz der Welt mit weiter, raumgleicher Liebe. Ich kann an hungernde, missbrauchte Kinder aus der letzten Tagesschau denken, an den betrunkenen Penner, dem ich morgens am Bahnhof kein Geld geben wollte, oder an das süße blonde Mädchen, das im Edeka an der Kasse sitzt.

Wir sollten immer mit den Menschen beginnen, die wir im Moment tatsächlich lieben oder für die wir im Moment aufrichtiges Mitgefühl empfinden können. Wenn wir ein echtes, starkes Gefühl erfahren, dann können wir es auf die ausdehnen, die normalerweise außerhalb unserer empathischen, liebevollen Reichweite stehen.

Tonglen muss sich überdies nicht auf die vorgeschlagenen fünf Minuten nach dem Zähneputzen beschränken. Es ist ein Virus, den du getrost aus dem Labor tragen kannst. Du atmest den ganzen Tag. Du kannst also üben, wenn du auf den Bus wartest und wenn du auf dem Klo sitzt, beim Autofahren oder im Supermarkt an der Kasse. Atemzug für Atemzug atmen wir das Leid der Wesen ein und senden Liebe in die Welt hinaus.

Der Trick ist: Im Labor, auf deinem Kissen, in der formellen Übung, verknüpfst du ein bildhaftes Geschehen mit lebendigen Emotionen und beides mit deinem Atem. Wenn diese Verknüpfung irgendwann stark genug ist, dann kann dein Atem als Brücke dienen, über die Liebe und Mitgefühl jederzeit in deinen Alltag herüberspazieren können.

Immer wenn du leidest; wenn du Kopfweh hast, weil du verkatert bist, wenn du dich über deine Freundin ärgerst, dir den großen Zeh anschlägst oder die Stromnachzahlung im Briefkasten findest – immer wenn du leidest, kannst du dir vorstellen, mit deinem Leid das Leid aller Wesen auf dich zu nehmen. Und immer wenn du dich freust und glücklich bist; frisch verliebt, im Fünf-Sterne-Lokal oder am Strand auf Hawaii – immer kannst du deine Freude mit allen Wesen teilen. Und natürlich kannst du immer mit Mitfreude und Mitgefühl auf Freude und Leid der Menschen reagieren, die dir gerade begegnen.

Tonglen ist Anteilnahme. Offene, warmherzige Anteilnahme. Diese Anteilnahme verbindet dich und macht dich unglaublich furchtlos und reich. Tonglen ist gewissermaßen ein Crashkurs im Buddhasein.

Mein geliebter Guru Garchen Rinpoche war zwanzig Jahre lang in einem chinesischen Konzentrationslager eingesperrt. Zwanzig Jahre! Zwanzig Jahre Erniedrigung, Folter und

Zwangsarbeit! Ich fragte ihn einmal, was für eine Praxis er dort machte, und er sagte: Tonglen.

Er ist der liebevollste, genügsamste, bescheidenste Mensch, dem ich je begegnet bin. Egal wer zu ihm kommt, ob Punk, exaltierte Mittfünfzigerin oder ambitionierter Yogi, alle werden von ihm mit der gleichen großmütterlichen Liebe umfangen. Als die Mutter meiner Kinder ihm einmal kurz begegnete, ohne jede Erwartung, ohne zu wissen, wer er eigentlich ist, ohne große Verbindung zum Buddhismus, da liefen ihr unwillkürlich Tränen übers Gesicht.

Ich hörte das erste Mal von ihm, als ein anderer Lehrer, Tsokni Rinpoche, über ihn sprach. Ich dachte, er sei irgendein großer, erleuchteter Meister der Vergangenheit wie Milarepa oder Geshe Tschekawa. Und ich war ganz aus dem Häuschen, als ich begriff, dass er jedes Jahr nach München kommt und ich ihm leibhaftig begegnen kann.

Bis heute plagen ihn gelegentlich derartige Augenschmerzen, dass er sich die Lider mit den Fingern öffnen muss, um den Text, den er gerade kommentiert, lesen zu können. Wahrscheinlich eine Nachwirkung der Folter. Ich fragte ihn, was die Ursache für dieses Augenleiden sei, und erwartete eine Geschichte über seine chinesischen Peiniger, aber er erklärte mir, er habe als Kind einmal ein anderes Kind an den Augen verletzt und das sei der Grund für diese Schmerzen. Es scheint kein Hauch von Groll gegen die maoistischen Soldaten in ihm zu sein. Die Ursache für sein Leid schreibt er einzig sich selbst auf die Rechnung.

Tonglen und Zazen sind nur zwei Methoden aus einem schier unermesslichen Sortiment, zwei Medikamente aus einer gut sortierten Apotheke. Es heißt, der Buddha habe auf 84 000 Probleme mit 84 000 Lösungsvorschlägen reagiert.

Wenn wir Zazen üben, gehen wir den „Weg der Weisheit" und nähern uns unserem Buddhasein von der absoluten Perspektive. Üben wir Tonglen, dann nehmen wir die relative Perspektive ein und gehen den „Weg der Liebe". Das Ziel auf beiden Wegen ist: den Buddha in uns zu erwecken und zum Leuchten zu bringen, und letztendlich vereinen selbstverständlich beide Wege Essenz und Ausdruck des Buddhas, Weisheit und Liebe in sich.

Meditation ist wie der Kondensationspunkt in einer gesättigten Salzlösung. Mit ihr kann das Buddhasalz zum Kristall werden. Meditation ist keine Insel, auf der wir gelegentlich Urlaub machen und uns von unserem nervigen Alltag erholen, sondern ein Schwimmkurs. Hier lernen wir langsam so hervorragend schwimmen und tauchen, dass wir den Ozean als Lebensraum genießen können.

Irgendwann wirft die Vogelmama ihre flüggen Jungen aus dem Nest und sie fallen, fallen – und breiten ihre Flügel aus und fliegen. Meditation ist kein bequemes Nest, sondern genau der Moment, in dem wir hinausgeworfen werden und fallen – und dabei lernen, unsere Flügel Weisheit und Mitgefühl auszubreiten und zu fliegen.

Wenn wir meditieren, ziehen wir uns nicht an einen sonnigen, heimeligen Ort jenseits all unserer Probleme und Sorgen zurück, sondern wir stürzen uns mitten hinein und lernen, mit unseren Problemen umzugehen. So tragen wir unsere Einsicht direkt in unser Leben hinein und erlauben unserer Buddhanatur, sich in unserer Lebensführung, in unserem alltäglichen Tun und Lassen auszudrücken.

„Sitz nicht zu Hause herum und auch nicht im Wald.
Wo du auch bist, erkenne den Geist."

Saraha[61]

Lebensführung

„Auch wenn meine Sicht so grenzenlos ist wie der
*   Himmel,*
so ist doch mein Verhalten so fein wie ein Sandkorn."

„Steige mit der Sicht herab, während du mit dem
*   Verhalten aufsteigst.*
Es ist äußerst wichtig, diese zwei als Einheit zu
*   praktizieren."*

Padmasambhava[62]

Sichtweise und Meditation sind kein Selbstzweck. Wie bereits gesagt, ist der Buddhismus gewissermaßen eine therapeutische Maßnahme. Würden wir nicht leiden, bräuchten wir keinen Dharma. Aber wer von uns ist restlos glücklich und zufrieden? Wie oft können wir wirklich sagen: „Nichts fehlt und nichts ist zu viel"?

Um aus einem Zustand des Mangels und des Sich-Sorgens zu einer spielerischeren, freudvolleren Lebensart (*art* kommt von „Kunst") zu finden, brauchen wir eine realistische Sichtweise, wir müssen die Welt so sehen, wie sie ist. Wir müssen ein Gespür dafür entwickeln, wie sich derselbe Geist wieder und wieder in leidvolle Abläufe und Erfahrungsräume verwirrt, und darüber hinaus erkennen, dass eigentlich alles gut ist, dass wir potenziell Buddhas sind und dass unser eigener Geist der Schöpfer unserer Erfahrungsräume ist. Dann wird es uns mit der Zeit immer leichter fallen, auch wie ein Buddha zu handeln: auf eine geschickte Art, die uns selbst und andere nicht verletzt, sondern Freude und Zufriedenheit ermöglicht.

Liebe – und tu, was du willst

Ein Schüler bittet seinen Meister: „Meister, zeige mir Himmel und Hölle."

Der Meister beugt sich vor und berührt seinen Schüler liebevoll an der Stirn. Es knistert und knackt, die Welt verschwimmt, und der Schüler findet sich an einer üppig gedeckten Tafel wieder. Gebratene Perlhühner, gefüllte Wachteln, Weintrauben, Mangos und erlesene Weine ... Um die Tafel sitzen Dämonen mit meterlangem Besteck und versuchen zu essen, aber es funktioniert nicht. Voller Wut und Gier steigern sie sich in eine immer größere Raserei hinein, silberne Schüsseln kippen um, Gläser zerspringen klirrend am Boden und in ihrer Verzweiflung beginnen die hungrigen Dämonen mit ihren meterlangen Messern und Gabeln aufeinander loszugehen, Blut tränkt das weiße Spitzentischtuch, Schreie erfüllen die Luft ...

„Das ist die Hölle!", erklingt die Stimme des Meisters durch den Tumult. „Und das ist der Himmel." Es knistert und knackt, und der Schüler findet sich an derselben Tafel wieder. Götter sitzen an dieser Tafel, mit meterlangem Besteck. Fröhlich lachend und scherzend reichen sie sich gegenseitig die Häppchen über den Tisch. Hier eine Traube, da eine Gabel Pastete, einer singt, einer spielt leise die Geige ...

Jede Hölle ist ein Resultat von Selbstbezogenheit. Je tiefer wir uns in Egozentrik einbunkern, umso tiefer stecken wir im Schlamassel. Sobald uns jedoch Wohlwollen und Sympathie verbindet, lässt es sich selbst an unwirtlichen Orten unter herausfordernden Bedingungen ganz gut leben.

Wohlwollen und Liebe sind also die Grundlage aller Ethik. Alles ist gut, sobald wir uns liebevoll begegnen. Wenn wir liebevoll sind, dann brauchen wir uns nicht darum zu sorgen, ob wir etwas richtig oder falsch machen, wir können tun, was wir wollen. Solange wir aus Liebe handeln, ist alles gut. Doch sobald wir uns in Selbstbezogenheit isolieren, wird alles, was wir tun, für Verwirrung sorgen.

Buddhistische Ethik lässt sich in drei kurzen Sätzen zusammenfassen: Schade niemandem. Hilf den anderen. Zähme deinen Geist.

Niemandem schaden und darüber hinaus anderen von Nutzen sein, das gelingt uns ganz spontan und ungezwungen, wenn wir liebevoll sind. Das Problem aber ist: Wir sind gewissermaßen Zwangsneurotiker. Wieder und wieder verfangen wir uns im Netz unserer eigenen Ego-Spielchen und zetteln, ohne es eigentlich zu wollen, ja, ohne es überhaupt zu merken, Kriege an.

Darum: Zähme deinen Geist! Den Geist zu zähmen heißt zuerst einmal, den Geist zu verstehen. Erst wenn ich verstehe, dass ich potenziell ein Buddha bin, Samantabhadra, der „allzeit Gute", dann kann sich die Schleuse der Liebe öffnen und ich kann mühelos anderen Wesen unter die Arme greifen.

Und erst wenn ich verstehe, wie derselbe Geist die tückischen Netze Samsaras spinnt, klebrige Netze aus Sorgen, Enttäuschung und Verlangen, und wie er sich wieder und wieder selbst in diesen Netzen verfängt, dann kann ich damit aufhören, anderen zu schaden.

Der Buddhismus schlägt für die Lebensführung drei verschiedene Strategien vor.

1. Ich versuche alle Situationen, in denen mich Emotionen überwältigen könnten, zu vermeiden. Das versuchen buddhistische Mönche, wenn sie sich zur Einhaltung von 250 Gelübden verpflichten. Ich sage mir einfach: Ich werde nie wieder rauchen! Und dann rauche ich nicht mehr. Und um nicht in Versuchung zu geraten, meide

ich vielleicht erst einmal die Gesellschaft von Rauchern oder werde sogar zum militanten Nichtraucher.

2. Ich begegne einer schwierigen Emotion mit einem Gegenmittel. Ich höre mit dem Rauchen auf und fange dafür an, Sport zu treiben oder werde zum Feinschmecker. Wenn ich mich über meine Kinder ärgere, versuche ich, mich auf Liebe und Mitgefühl zu besinnen, anstatt meinem Ärger freien Lauf zu lassen.

3. Ich reagiere gar nicht auf problematische Emotionen, sondern erkenne sie, sobald sie sich zusammenballen, als das, was sie sind: instabil und substanzlos und somit unproblematisch. Ich vertraue darauf, dass sie sich in der Weite meiner Aufmerksamkeit selbst befreien, wie eine Schlange, in die ich einen Knoten binde.

Wir können uns je nach Situation mal dieser, mal jener Strategie bedienen. Mal mag es uns gelingen, unsere Wut als instabil und kernlos zu erkennen, sodass sie sich von selbst wieder auflösen kann, wie eine Wolke in der Weite des Himmels. Mal gelingt es uns vielleicht, uns wütend plötzlich auf die Hilflosigkeit und Ungeschicklichkeit unseres Gegenübers zu besinnen und ihn einfach zu mögen und mit ihm zu fühlen, anstatt ihn anzuschreien. In anderen Fällen mag es nötig sein, uns selbst an die Leine zu nehmen und zu sagen: So! Schluss damit! Und dann verlassen wir vielleicht den Raum und warten, bis unsere Wut verdampft.

Um im Umgang mit unserer Wut, unserer Gier, unserem Stolz, unserer Eifersucht jedoch überhaupt geschickt zu sein, brauchen wir vor allem eines, egal welcher Strategie wir uns bedienen: Aufmerksamkeit. Ohne Aufmerksamkeit, ohne ein Bewusstsein dessen, was von Moment zu Moment abläuft, sind wir hilflose, machtlose Marionetten unserer Gefühle, und sie bewegen uns an unsichtbaren Fäden im Raum umher und lassen uns tanzen und tun, wie es ihnen beliebt.

Aber wenn ich ein Gefühl nicht auslebe, dann unterdrücke ich es vielleicht und es gärt weiter in mir und bricht irgendwann umso machtvoller hervor? Im Umgang mit Emotionen haben wir nicht nur diese zwei Möglichkeiten: entweder ausleben oder unterdrücken. Es gibt immer für alles mehrere Wege. Wenn ich aufmerksam bin und nicht blind in den erstbesten Hochgeschwindigkeitszug einsteige, dann öffnet diese Aufmerksamkeit einen Raum, und in diesem Raum habe ich eine freie Wahl. In diesem Raum der Aufmerksamkeit findet ein *Wahr*nehmen statt, jenseits von Ausleben und Verdrängung. Emotionen wirken sich nur destruktiv aus, wenn sie im Dampfkessel meiner Unbewusstheit Druck aufbauen. Dann zischt es irgendwann heiß aus einem Ventil oder der ganze Kessel fliegt irgendwann in die Luft.

Darum meditieren wir: um einen Schritt heraus aus unserer altgewohnten Enge und Raumnot zu tun, in die offene Weite wacher Aufmerksamkeit. In dieser offenen Weite können Emotionen sich frei und tanzend bewegen, als bunter, spielerischer Ausdruck unseres natürlichen Geistes.

Sila – ethisches Verhalten

„Sila" ist ein weiteres Sanskritwort und wird oft mit „Ethik" oder „Lebensführung" übersetzt. Sila beschreibt die Art und Weise, wie ein Buddha sich durch die Welt bewegt, ohne andere Wesen zu behindern und zu verletzen und darüber hinaus stets mühelos in der Lage, die Wesen in ihrem Glück zu unterstützen.

Ich begreife Sila als Übungsweg, als eine andauernde Annäherung an die reibungslose Bewegung eines Buddha. Um uns erfolgreich in Sila zu üben, um uns immer mehr wie ein Buddha zu bewegen, brauchen wir Einsicht und Meditation. Andernfalls gleicht unsere Bewegung der eines alten, blinden Elefanten in einer Ausstellung für Ming-Porzellan; mit jedem Schritt machen wir etwas Wertvolles kaputt.

Und wieder gilt wohl: Am Anfang sind 10 Prozent Aufrichtigkeit genug. Aufgrund der starken Schubkraft unserer gewohnheitsmäßigen Tendenzen wird es uns kaum auf Anhieb gelingen, uns makellos und schön wie ein Buddha durch die Welt zu bewegen.

Wir beginnen unsere Übung in anständigem Verhalten mit dem Entschluss: Ich will niemanden verletzen, ich will den Wesen von Nutzen sein, und deshalb will ich verstehen, was mein Geist ist und wie er funktioniert. Und mit jeder hilfreichen Tat, jedes Mal, wenn wir ein Wesen nicht verletzen, nähren wir diesen Entschluss und üben uns in dem freudvollen Tanz eines Buddha, wieder im vollen Vertrauen darauf, dass unser natürlicher Geist, unsere wahre Natur, Buddhageist, Buddhanatur ist.

Ringu Tulku Rinpoche drückt dies aus, wenn er sagt: „Jedes gebrochene Gelübde lässt sich reinigen."

Es gibt keine Todsünde, die uns unweigerlich in die ewige Verdammnis führt. Solange wir den Wunsch, uns wie ein Buddha zu bewegen, ohne mit jeder Bewegung Schaden anzurichten, in uns tragen, können wir *jeden* Fehler korrigieren, der uns aus altem Gewohnheitszwang, aus Ungeschick und Unaufmerksamkeit unterlaufen ist.

Egal, was du getan hast, auf dem Buddhapfad steht kein Engel mit flammendem Schwert, der dir verbietet, dich im Buddhasein zu üben. Und auch wenn du zum hundertsten Mal ankommst und sagst: „Ich hab's verbockt! Aber ich würde es gern noch einmal versuchen!", dann ist dein ursprüngliches Buddhapotenzial nicht irgendwie gekränkt und aufgebracht.

Sila ist also ein Übungsweg. Wir üben uns in Gewaltlosigkeit und Wohlwollen. Sila ist die Brandung, die uns immer runder und geschmeidiger macht, bis alle scharfen Kanten irgendwann abgeschliffen sind.

Ich allein bin verantwortlich

Nur ich allein bin verantwortlich für *meine* Gefühle. Kein anderer kann in mir das Licht der Freude löschen oder entzünden. Nur ich kann entscheiden, wie ich die Gegebenheiten interpretiere und ob ich mich über das, was ist, ärgere oder ob ich mich damit abfinde oder mich freue daran.

Ringu Tulku Rinpoche sagt immer wieder: Entweder kann ich etwas ändern an dem, was mir missfällt, dann muss ich mich nicht darüber empören, weil ich es ja ändern kann. Oder ich kann eben nichts daran ändern, dann ist es sinnlos, mich zu empören, weil ich es eben ohnehin nicht ändern kann.

Wir sind oft sehr eifrig darin, einen Schuldigen für unsere Wut, unsere Trauer, unser Leid zu suchen und anzuprangern. Ich leide, weil *du* mich verlassen hast! Ich ärgere mich, weil *du* mir auf den Fuß gestiegen bist! Der Buddha rät Folgendes: Anstatt immer außerhalb nach einem Schuldigen, einem Verursacher unseres Unglücks, zu suchen, wenden wir unsere Aufmerksamkeit nach innen und betrachten direkt unsere Wut, unsere Trauer. Ah, ich bin also gerade wütend, ich bin gerade traurig. So spüren wir in *unser eigenes* Erleben hinein und übernehmen die Verantwortung für das, was sich in uns abspielt. Auf diese Art entmachten wir die äußeren Umstände.

Mein Leid ist immer ein Resultat von Enge und Ausweglosigkeit. Im weiten Raum meiner Aufmerksamkeit gibt es Platz für Wut und Trauer und Platz dafür, dass Wut und Trauer sich auflösen können, ohne Leidensdruck zu erzeugen. So beginnen wir damit, Verantwortung zu übernehmen: für das, was mit uns und in uns passiert, und dann können wir uns langsam auch für das verantwortlich zeigen, was um uns herum geschieht, was sich in der Welt abspielt.

„If you see a job, it's yours!" Wenn ich durch den Wald spaziere und genau an der schönsten Stelle hat irgendjemand seinen Müll liegen lassen, dann muss ich mich nicht unbedingt darüber ärgern, sondern ich kann den Müll einfach einstecken und in den nächsten Mülleimer entsorgen. Ohne mich ständig auf einen imaginären Richterstuhl zu setzen und mich über die Schlechtigkeit der Welt zu empören, kann ich hier und jetzt damit beginnen, mich immer mehr wie ein Buddha durch diese Welt zu bewegen. Und langsam wird diese Welt mir immer weniger trostlos und bedrohlich, sondern immer mehr wie ein reines Buddhaland erscheinen.

Eine Menschheit, eine Erde

Unsere Buddhanatur blühen und fruchten zu lassen ist das größte Geschenk, das wir der Welt und den Menschen um uns herum machen können. Solange wir freudlos im Labyrinth unserer Egozentrik umherirren und leiden, werden wir durch unser Handeln nur für weitere Verwirrung sorgen. Erst das Erkennen unseres ursprünglichen, natürlichen Buddhageistes versetzt uns in die Lage, das Unsere zu einer friedlichen, freudvollen Kultur beizutragen.

> *„Eine Ecke dieser Welt erhellen –*
> *nur eine Ecke.*
> *Wenn du eine Ecke erhellst,*
> *werden sich die Menschen um dich herum besser fühlen."*
>
> *Shunryu Suzuki Roshi* [63]

Ich habe mich ein wenig mit Geschichte befasst, und mein anfänglicher revolutionärer Elan mündete in einer großen Ernüchterung. Keine der großen Revolutionen konnte eine nachhaltige Veränderung und Besserung der Umstände bewirken. Alle wurden sie aus einem großen Idealismus heraus angezettelt, aber die kollektiven gewohnheitsmäßigen Tendenzen erwiesen sich jedes Mal als derart zäh, dass keine echte Veränderung stattfinden konnte. Meist erhielten die alten Strukturen lediglich einen neuen Anstrich, und oft verschlimmerten sich die Verhältnisse sogar.

Heute bin ich mir ziemlich sicher, dass eine gerechte, friedliche, saubere Welt nur aus *jedem Einzelnen* heraus geboren werden kann. Solange ich mich weiterhin in Selbstbezogenheit verkapsele, wird der Konflikt in meiner eigenen Familie weitergehen. Und wenn Harmonie und Freude nicht einmal da möglich sind, wo ein *paar* Menschen, die sich darüber hinaus lieben, zusammenleben, wie kann ich da erwarten, dass hochkomplexe Organismen wie Staaten und Nationen friedlich miteinander sind, ohne einander zu bekriegen und auszubeuten?

Aber jede Gesellschaft setzt sich aus Einzelnen zusammen! Vielleicht gibt es eine gewisse exponentielle Steigerung von Problemen im Zusammenhang mit der Anzahl der Einzelnen, die irgendwie zueinander in Beziehung stehen, aber ich bin überzeugt, die Ursache all unserer Probleme und Leiden ist immer die gleiche: Selbstbezogenheit, Aggression und Gier. Und mittlerweile glaube ich nicht mehr daran, dass wir diesen alltäglichen Wahnsinn auf einer kollektiven Ebene beenden können.

Solange ich selbst eingemauert im Verlies meiner Selbstbezogenheit verweile und den Menschen und Phänomenen um mich herum mit Anhaftung und Aggression begegne, solange ich meinen Kindern diese Saat einpflanze, wird eine Generation von Psychopathen der nächsten folgen, und wir werden auf diese Weise eine destruktive Kultur des Wahnsinns nach der anderen manifestieren.

Darum kümmere ich mich nicht mehr um die Rettung der Welt, sondern versuche erst einmal selbst klarzukommen. Und weil ich nicht einen Moment lang als isolierte, stabile Einheit existierte, existiere und existieren werde, ist dieses liebevolle Hineinsehen und Kümmern, mein behutsames Buddhawerden, zugleich mein Beitrag zum allgemeinen Wohlergehen.

Wir werden die Erde nicht zu einem friedlicheren, gerechteren und saubereren Ort machen, indem wir Manifeste schreiben, Gesetze erlassen, auf Demonstrationen herumhängen und Kriege führen, sondern nur durch innere Arbeit. Wenn sich immer mehr Menschen ganz behutsam darum kümmern, dass die Buddhasaat in ihnen nicht vertrocknet, sondern keimt und wächst und blüht und fruchtet, dann wird mit uns, mit *jedem Einzelnen* von uns eine Kultur der Weisheit und der Liebe keimen und blühen.

Ich kann nur Verantwortung für die Welt übernehmen, wenn ich endlich Verantwortung für mich selbst übernehme! Und Verantwortung für mich selbst ist immer zugleich Verantwortung für die Welt.

Wir sind kein bösartiges Krebsgeschwür, das irgendwo aus der Weite des Alls auftauchte und sich hier ansiedelte, um böswillig diesen friedlichen, kleinen Planeten kaputt zu machen. Wir sind ein Teil dieses wunderschönen Organismus! Und wenn wir freudvoll und glücklich leben wollen, dann müssen wir uns verantwortlich zeigen – für uns und für den Rest.

Das wird uns nur gelingen, wenn wir verstehen, dass alles miteinander verbunden ist, absolut abhängig voneinander. Und es wird nur dann gelingen, wenn dieses Verständnis kein leeres Konzept, kein infantiles Parteiprogramm bleibt, sondern wenn wir es verdauen und in unser alltägliches Leben tragen.

Bodhisattva – Krieger des Lichts

Mögen alle Wesen glücklich sein

„So lang das Weltall besteht
und fühlende Wesen leiden,
so lang will auch ich sein,
um die Wesen vom Leid zu befreien."

Buddhistisches Gebet

„Um allen Wesen von größtmöglichem Nutzen zu sein, will ich Schritt für Schritt mein volles Buddhapotenzial verwirklichen." Dieser Wunsch steht am Anfang des Bodhisattva-Weges (*Bodhi*, sanskrit: „wach", „wissend"; *sattva*, sanskrit: „Wesen", „Geist"; *Bodhisattva*: „waches Wesen").

Ein Bodhisattva weiß um seine fundamentale Verbundenheit mit allem Leben, mit den unzähligen Wesen, und aufgrund dieses Wissens wird seine ganze Interaktion mit der Welt von Empathie und Liebe getragen. Ziel seiner inneren Arbeit, seiner spirituellen Bemühungen sind Freiheit und Glück für *alle* Wesen.

Das ist kein idealistischer, künstlicher Altruismus, sondern Ausdruck von Weisheit. Überall, wo wir ein anderes Wesen verletzen, verletzen wir letztlich uns selbst. Und nachhaltiges Glück ist niemals im Alleingang möglich, sondern nur dort, wo wir das Glück der anderen im Blick behalten, ganz einfach deshalb, weil wir nicht isoliert vom Rest der Welt existieren, sondern auf hundertfache Art mit *allem* verbunden sind.

Der Altruismus eines Bodhisattvas ist also ein gesunder „Egoismus". „Zum Wohle der anderen und zu meinem eigenen Wohl." Es besteht ganz einfach kein Widerspruch zwischen meinem eigenen Wohlergehen und dem Wohlergehen der restlichen Welt. Das Glück der Welt ist mein Glück, und mein Glück ist das Glück der Welt.

Nur aus einer verzerrten, egozentrischen Perspektive scheint mein Glück gelegentlich irgendwie im Widerspruch zum Glück der anderen zu stehen. Aber tatsächlich kann ich auf Kosten eines anderen Wesens niemals wirklich glücklich sein. Es geht einfach nicht, weil alles *ein* subtiles, bewegtes Gewebe ist.

Es geht zum Beispiel gar nicht, wie wir mit Tieren umgehen! Völlig verblödeterweise scheinen wir davon auszugehen, wir hätten eine Art Geburtsrecht auf Fleisch, täglich, in Mengen und zu total unrealistischen Preisen. Nicht mal unter völlig verkommenen, kranken Bedingungen lässt sich Fleisch für den Preis produzieren, für den es in der Discounter-Kühltheke vertrieben wird. Nur weil wir Steuergelder in Form von Subventionen in die Fleischproduktion pumpen, scheint sich das Ganze irgendwie zu rechnen – aber diese Rechnung ist ein Fake, sie geht nicht auf.

Und wenn wir mit empfindungsbegabten Wesen umgehen, als seien sie irgendein Wirtschaftsabfallprodukt, dann wird das früher oder später mit voller Wucht auf uns zurückfallen. Tiere leiden! Sie empfinden Schmerz, haben Angst und freuen sich. Die paar Prozent, die sie sich genetisch von uns unterscheiden, begründen keine Empfindungslosigkeit.

Mit fühlenden Wesen so umzugehen, wie wir es aufgrund unseres blinden Fleischhungers tun, ist schlichtweg ein Zeichen von Dummheit und Barbarei. Ich denke, ich muss die moderne, konventionelle Tierhaltung nicht beschreiben. Inzwischen weiß wohl *jeder*, unter welchen Bedingungen Tiere heutzutage gehalten und geschlachtet werden. Und über das unvorstellbare Leid dieser Tiere noch hinaus, belasten wir durch unseren entfesselten, hemmungslosen Fleischkonsum erheblich das fragile ökologische Gleichgewicht unserer Biosphäre.

Ein Bodhisattva wird kein Fleisch aus der Billig-Kühltheke kaufen, weil er weiß, wie viel Leid in diesem Fleisch schwingt, und weil er weiß, dass es ihn auf Dauer ganz einfach krank macht und zudem erheblich das subtile Gleichgewicht seines Lebensraumes durcheinanderbringt.

Was für Fleisch gilt, das gilt auch für Gemüse, für Kosmetik und Kleidung etc. Über 100 000 Menschen sterben jährlich weltweit an den Folgen von Pestizidvergiftungen auf Baumwollplantagen. Kinder nähen unter unwürdigsten Sklavenbedingungen unsere Shirts, Hosen und Unterhosen zusammen. Es scheint nahezu unmöglich zu sein, heutzutage auf dieser Erde zu leben, ohne auf Schritt und Tritt Leid bis ans andere Ende der Welt zu verursachen.

Aber ich kann heute beschließen: Ab jetzt werde ich versuchen, mich Schritt für Schritt aufmerksamer durch die Welt zu bewegen. Heute und morgen lass ich das Fleisch weg, fürs Wochenende kauf ich Fleisch beim Biobauern auf dem Wochenmarkt (falls es mir nicht gelingt, mich ganz vegetarisch zu ernähren), und das Loch in meiner Hose versuche ich noch einmal zu flicken, bevor ich mir eine neue kaufe, und die kaufe ich im Secondhandladen oder bei einem Öko-Label. Tag für Tag können wir unser Leben koscherer und weniger destruktiv gestalten, spielerisch, ohne plötzlich zu spaßfreien „Ökonazis" zu mutieren, die selbstgerecht über dem „verblödeten, bösen 0815-Konsumenten" zu Gericht sitzen.

„Eine Schale, ein Gewand" anstatt einer Baugrube voller Schrott. Das hat mindestens so viel mit Ästhetik wie mit Ethik zu tun. *Simplicity*, Einfachheit, das muss kein entbehrungsreiches Vegetieren, sondern kann auch Lifestyle sein.

Wenn ich bloß ein bisschen einfacher lebe, dann wird mein Lebensstil ganz von allein weniger Leid und Probleme kreieren. Kein Mensch braucht ein ganzes Regal voller Schuhe.

Wer den Weg eines Bodhisattvas geht, der wird vermutlich erst einmal sein Leben entrümpeln. Ein entschlacktes Leben schafft Raum und Weite und erlaubt ein geschmeidiges, leichtfüßiges Sichbewegen. Und wieder: Am Anfang sind 10 Prozent Aufrichtigkeit genug! Bodhisattva, das ist die Brücke, die sich von unserem ersten Entschluss, zum Wohle aller aufzuwachen, hinüber spannt zum voll erblühten Buddhasein.

Befreiung ist Arbeit

Auf dem Bodhisattva-Weg befreien wir uns Schritt für Schritt von tief verankerten Gewohnheitsmustern. Dieser Befreiungsakt wird uns ohne eine gewisse Beharrlichkeit nicht gelingen. Es bedarf einer Anstrengung, um uns gegen die Strömung unserer eingefleischten Gewohnheiten aus den Brackwassern gewohnheitsmäßiger Tendenzen wieder in den lebendigen, fließenden, niemals stillstehenden Strom des Lebens zu bewegen.

Befreiung ist Arbeit, sie kann sich nicht automatisch vollziehen. Aber diese innere Arbeit ist keine ehrgeizige, ergebnisorientierte, sondern ein spielerischer Prozess. Ohne eine freudvolle, spielerische Leichtigkeit laufen wir Gefahr, eben jene gewohnheitsmäßigen Muster und Strukturen, von denen wir uns eigentlich zu befreien suchen, in den Prozess mit hineinzutragen.

Innere Arbeit ist ein freudvolles Geschehen, das uns immer leichter, zufriedener und fröhlicher macht. Aber sie ist kein lineares Geschehen. Heute begegne ich der Welt offen und warmherzig, morgen verschließe ich mich vielleicht wieder ein wenig.

Unsere freudige Anstrengung auf diesem Weg entfaltet sich auf dem Fundament der Geduld. Wir machen einen Fehler, entschuldigen uns und versuchen beim nächsten Mal, etwas geschickter zu sein. „Hinfallen, aufstehen, Krone richten, weitergehen." Wieder und wieder und wieder. Solange wir entschlossen sind, zum Wohle aller Wesen aufzuwachen, sind wir auf dem Bodhisattva-Weg. Erst wenn dieser Entschluss nicht mehr in unserem Geist lebendig ist, haben wir den Weg verloren.

Nach traditionellen Vorstellungen dauert die Reise auf diesem Weg drei Kalpas, drei nahezu unvorstellbar lange währende Zeiträume. Der Buddha selbst bemühte sich drei Äonen lang auf diesem Weg, bis sein Buddhasein voll ausgereift war. Ohne einen gewissen freudigen Eifer werden wir uns immer wieder im Sumpf unserer traumatischen Gewohnheiten wiederfinden, und ohne Geduld wird sich dieser freudige Eifer schnell erschöpfen und unsere anfängliche Begeisterung wird einem leicht verbitterten Überdruss weichen.

Wir benötigen eine gewisse Entschlossenheit, um uns tatsächlich aus unserer inneren Sklaverei zu lösen. Deshalb beginnen wir mit einer gründlichen Verdauung der „vier grundlegenden Gedanken". Alle befreienden Bedingungen stehen uns zur Verfügung, aber wir wissen nicht wie lange und wenn wir diese Gelegenheit nicht nutzen, um uns aus dem Trägheitsfeld Leid verursachender Konditionen und Muster herauszubewegen, dann werden wir ganz einfach immer wieder enttäuscht sein und leiden. Wenn uns das unzweifelhaft klar ist, dann bleibt uns nichts anderes übrig als innere Arbeit. Je eindeutiger und klarer wir das verstehen, umso leichter wird uns die Arbeit fallen, und irgendwann werden wir sie einfach gern tun, Tag für Tag, auch wenn es drei Äonen lang dauert. Wir haben sozusagen die Wahl zwischen äonenlanger „Arbeit" und äonenlanger Enttäuschung.

Innere Arbeit ist ja kein langweiliges Im-Büro-Sitzen, kein stupides Am-Fließband-Stehen, sondern ein überaus spannender, heilsamer Integrationsprozess, der uns Schritt für Schritt ganzer, runder, geschmeidiger und fröhlicher macht. Es ist eine Arbeit, die uns nicht ermüdet, sondern uns immer lebendiger macht.

Mit dem Entschluss, zum Wohle aller Buddhaschaft zu verwirklichen, begeben wir uns auf eine Reise. Mit diesem Entschluss betreten wir einen Pfad der Makellosigkeit, den Pfad des Bodhisattvas. Im Wissen und Vertrauen darauf, dass Vollkommenheit letztendlich unserem eigentlichen Wesen entspricht, setzen wir uns in Bewegung, ohne uns allzu große Sorgen darüber zu machen, *wie* vollkommen oder unvollkommen wir im Moment sind.

„Jede Reise beginnt mit dem ersten Schritt." Wir gehen also einfach Schritt für Schritt, legen hier ein Päuschen ein, gehen da vielleicht mal ein Stück zurück und machen Umwege, aber solange wir uns bewegen und solange wir nicht vergessen, wohin wir uns bewegen, werden wir unser Ziel erreichen.

Im Frühling fangen die Apfelbäume zu blühen an; sie blühen eine Weile wunderschön, dann trägt irgendwann der Wind die weißen Blütenblätter davon, der Fruchtkörper beginnt zu wachsen und schließlich zu reifen. Dieser Prozess ist dem Apfel einprogrammiert. Die Blüte macht sich keine Sorgen darüber, ob und wann sie zum Apfel heranreifen wird.

Wenn wir den Entschluss fassen, zum Wohle aller Wesen aufzuwachen, dann aktivieren wir das in uns schlummernde Buddhaprogramm, und solange wir uns gemäß diesem Entschluss bewegen, bewegen wir uns in Richtung Buddhasein.

Jeder von uns kommt einmal an den Punkt, an dem er die Nase gründlich voll hat von seinem zähflüssigen, hölzernen, sorgendurchtränkten Dahinvegetieren. Wenn wir an diesem Punkt verstehen, dass wir gar nicht so sein müssen, dass wir überhaupt nicht so angelegt sind, nicht fest und ewig verwurzelt in Sorgen und Freudlosigkeit und dass das Leben kein trostloses Geschehen ist, kein dunkles Verlies der Enge und Qual, sondern ein weiter Raum unbegrenzter Möglichkeiten und Freude – dann stehen die Türen unseres Kerkers plötzlich offen, und wir können uns auf den Weg in die Freiheit begeben, hindurch durch die spärlich beleuchteten Katakomben unserer Gewohnheitszwänge in Richtung Wärme, Licht und frischer Luft.

Und wir können unseren Mitgefangenen die Türen ihrer Verliese öffnen, und wer keine Lust mehr auf seinen Kerker hat, der kann sich gemeinsam mit uns auf den Weg machen.

Wir haben nichts zu verlieren. Wir sind sozusagen zu lebenslanger Haft verurteilt, und am Ende dieser Haft wartet ein einsamer Hungertod, wenn wir nicht aufstehen und unsere dunkle, beklemmende Zelle durch die offene Tür verlassen.

Nein, nein, nein – ich will kein Sklave mehr sein!

Und wir verlassen die Gemächer des Leidens nicht kriechend, durch irgendwelche dunklen, verborgenen Gänge, sondern direkt durch den Haupteingang. Wir ziehen uns nicht in neue lichtlose Höhlen zurück, sondern bewegen uns so, wie wir sind, mitten hindurch, ohne zurückzublicken und dabei zu Stein zu erstarren.

Oft genug erleben wir unsere Höhlenwelt, eine düstere, muffige Welt der Abbilder, als Komfortzone. Wir misstrauen der offenen, lichtdurchfluteten Weite des Lebens und verharren lieber in der altgewohnten Enge unserer Meinungen, Gewohnheitsmuster und Identitäten. Wie ein Tanzbär, dem man irgendwann die Kette abnimmt, um ihn in die Wildnis zu entlassen, so zögern wir ängstlich und klammern uns an die wohlvertraute, überschaubare Enge unserer Sorgenwelt, anstatt den befreienden Schritt ins Ungewisse zu wagen. Aber wenn wir uns weiterhin wie dressierte Tanzbären an der Kette verhalten, dann werden wir weiterhin leiden, immer und immer wieder.

Um unserem wahren Wesen gerecht zu werden und in unserer ganzen Schönheit und Würde unseresgleichen sehen, berühren und inspirieren zu können, müssen wir heraus aus unserer Komfortzone des Grauens, aus unserer Kirche des Schreckens. Wir müssen uns mitten hinein ins kalte Wasser stürzen, im Vertrauen darauf, dass wir schwimmen können, ohne Angst vor Kälte, Schmerz und Einsamkeit. Und tatsächlich ist das Wasser, in das wir uns stürzen, nicht zu kalt, sondern hat genau die richtige Temperatur. Die Welt jenseits unserer Gefängnismauern ist der grundlose, offene Raum von Shunyata, ein weiter, spielerischer Raum der Freiheit, und es ist unser Geburtsrecht, uns tanzend durch diesen Raum zu bewegen.

„Unsere Persönlichkeit ist viel solider, als sie scheint, selbst dann, wenn sie durcheinander ist und schlecht funktioniert. [...] Sie ist in all ihrer Unordnung eine wohlorganisierte Welt. Und mit dieser Welt, die wir uns nach und nach aufgebaut haben, identifizieren wir uns. Wir sehen die Wirklichkeit durch ihre Augen und werden unfähig, anderes wahrzunehmen.
Mitgefühl ist der Ausweg aus diesem starren System. Es zwingt uns, mindestens für Augenblicke die alten Denkmuster aufzugeben. [...] So entfliehen wir dem Gefängnis unserer Person."

Piero Ferrucci[64]

Die Panzertür unserer Zelle war niemals verschlossen. Wir können jederzeit gehen. Aber vielleicht fällt es uns leichter, den ersten entscheidenden Schritt über die Schwelle unseres Kerkers in die Freiheit zu tun, wenn wir verstehen, dass wir nicht allein sind. Das ganze Verlies ist vollgestopft mit anderen, die genauso an Raumnot und Luftmangel leiden wie wir. Wir können uns zusammenschließen und gemeinsam den Weg nach draußen wagen.

Der Bodhisattva-Weg ist kein einsamer Weg im Abseits, sondern ein Weg der Freude, ein Weg der Wärme und Anteilnahme. Der Bodhisattva zieht sich nicht wie ein Säulenheiliger in die Wüste zurück, in ein Leben der Isolation und Entbehrung, sondern sein Weg führt ihn mitten durch die Welt, Schritt für Schritt mitten hinein ins Auge des Sturms.

Mitten hindurch!

„Ist Unentschiedenheit dem Herzen nah, so muss der Seele daraus Bitternis erwachsen. [...]

Wer schwankt, kann immer noch froh sein; denn Himmel und Hölle haben an ihm Anteil.

Wer allerdings den inneren Halt völlig verliert, der endet schließlich in der Finsternis.

Wer dagegen innere Festigkeit bewahrt, der hält sich an die lichte Farbe des Himmels.“

Wolfram von Eschenbach, Parzival [65]

Wolfram von Eschenbachs *Parzival* ist der älteste Roman in deutscher Sprache und zugleich ein erstklassiges Dokument der inneren Reise. Der Name Parzival bedeutet „mitten hindurch". Der junge Prinz wächst von seiner Mutter wohlbehütet in der Waldeinsamkeit auf. Unwissend und selbstbezogen verstrickt er sich immer mehr in Schuld und Leid und verpasst es im entscheidenden Moment, sich mitfühlend dem Leid seines Gegenübers zu öffnen. Diese Befangenheit in seiner persönlichen Geschichte beschert ihm weitere Jahre verzweifelter Suche und Isolation, aber sein ganzes Sehnen ist unbeirrbar auf ein Ziel ausgerichtet: den heiligen Gral.

Die Jahre seines Suchens und Leidens machen Parzival immer weicher, offener und verletzlicher, bis er zu guter Letzt fähig ist, sich voller Mitgefühl des dahinsiechenden Gralskönigs anzunehmen und endlich selbst den Thron zu besteigen.

Bodhisattvas sind Krieger des Lichts. Sie fürchten sich nicht vor den Höhen und Tiefen der Welt, sondern bewegen sich mutig mitten hindurch, ohne dabei ihr Ziel zu vergessen, den heiligen Gral, ihr ursprüngliches Buddhasein.

Wenn wir beschließen, den Weg des Bodhisattvas zu gehen, dann ziehen wir uns nicht zurück, um uns in aller Stille um unser eigenes Wohlergehen zu sorgen, sondern wir öffnen uns mit jedem Schritt weiter und weiter und verbinden uns tiefer und tiefer mit Freude und Leid der fühlenden Wesen.

Unter den Bodhisattvas der Vergangenheit finden sich Könige, Kaufleute, Huren, Trinker und Bettler. Wir müssen nicht alles stehen und liegen lassen, uns aus der Verantwortung stehlen und uns in eine Höhle im Himalaya verkriechen. Diese Welt ist der perfekte Ort für unsere innere Arbeit! In jeder Situation können wir lernen, offen und weich zu sein. Jedes Wesen, das uns begegnet, kann uns helfen, uns in Freigebigkeit, Liebe und Geduld zu üben.

Wie können wir lernen, liebevoll und geduldig zu sein, wenn wir uns irgendwo in den Bergen verstecken? Wir bleiben ganz einfach dort, wo wir sind, und beginnen damit, unsere Hausaufgaben zu machen. Wir brauchen kein rotes Gewand, keinen exotischen Namen und kein spezielles Zubehör, um unser Herz zu öffnen und immer tiefer zu verstehen, dass wir nicht isoliert vom Rest der Welt existieren. Wir brauchen die anderen Wesen dafür, unsere Eltern, Kinder, Freunde, Nachbarn und Feinde.

Hier und Jetzt der rechte Ort!

Die wichtigsten Lehrer in meinem Leben heißen Maya und David. Sie sind meine Kinder. Ich liebe sie so, wie sie sind, egal was sie tun oder nicht tun. Ich liebe sie einfach und muss mich nicht irgendwie anstrengen, um sie zu lieben. Es ist eine völlig bedingungslose, erwartungsfreie Liebe. Durch die beiden weiß ich, wie sich Liebe anfühlt.

Und gleichzeitig gibt es *niemanden*, der mich so zuverlässig und regelmäßig an die Schwelle des Wahnsinns führt. Niemand, über den ich mich so ärgern kann. In regelmäßigen Abständen würde ich sie am liebsten an die Wand klatschen. Von niemandem kann ich so viel über meinen Ärger, meine Wut lernen, über meine Ungeduld, meine Unaufmerksamkeit, mein Befangensein in egozentrischen Trips. Und in keiner anderen Beziehung kann ich mich so unermüdlich in Geduld, Nachsicht, Freigebigkeit und Mitgefühl üben.

Kinder sind egoistisch, launisch, ungeduldig, jähzornig und wahre Weltmeister im Ärgern und Streiten. Ich habe gehört, dass sich Geschwisterkinder unter fünf Jahren durchschnittlich etwa alle zehn Minuten streiten. Das heißt aber auch, dass sie sich durchschnittlich alle zehn Minuten wieder versöhnen.

Kinder sind auch ungeheuer großherzig, nachsichtig, mitfühlend, aufrichtig und nicht nachtragend. Ein Kind kann sich nicht hinter einer freundlichen Fassade verstecken, wenn etwas in ihm kocht. Es äußert direkt jede emotionale Regung; blinde Wut und überschäumende Liebe, jedes Gefühl wird direkt artikuliert. Aber: Kinder bleiben nie lange in ihren Stimmungen hängen. Sie pflanzen ihre Emotionen, ihre Wut, ihre Eifersucht, ihre Gier, ihre Hoffnungen und Ängste nicht in den feuchten Nährboden komplizierter Geschichten. Ihr Zorn verdampft ebenso schnell, wie er sich zusammenbraut, und sie sind jederzeit bereit zu vergeben und wieder zu lieben.

Ich bin egoistisch, launisch, ungeduldig, jähzornig und streitsüchtig. Aber im Gegensatz zu meinen Kindern fällt es mir oft weniger leicht, ein Gefühl einfach wieder loszulassen und erneut mit der aktuellen Situation umzugehen, ohne meinen alten Ärger, mein altes Verlangen, meine Geschichten der Hoffnung und der Furcht mit in den sauberen, frischen gegenwärtigen Moment hineinzunehmen. Ich äußere vielleicht nicht unwillkürlich jede Unzufriedenheit, dafür aber bewege ich mich träge durch die starre Welt meiner Erfahrungen und Geschichten und erschwere dadurch den Menschen um mich herum den Umgang mit mir.

Aber auch ich bin großherzig, mitfühlend, nachsichtig und aufrichtig. Durchschnittlich streite ich bestimmt mindestens einmal stündlich mit meinen Kindern – und ich versöhne mich stündlich wieder mit ihnen. Bestimmt die Hälfte dieser Auseinandersetzungen könnte ich uns ersparen! Es gibt immer kre-

251

ativere Wege als Tadel, Verbot und Drohung. Aber ich bin nun einmal nicht immer aufmerksam, geduldig und einfallsreich, sondern oft genug auch müde, besorgt und beschäftigt mit meinen persönlichen Storys der Hoffnung und Furcht und reagiere träge aus einem starren Gewohnheitszwang heraus.

Ich will *immer* das Beste für meine Kinder (und für alle anderen Wesen) und äußere mich dennoch häufig auf eine ungeschickte, wenig schöpferische Art und Weise, die alles für alle schwieriger macht, anstatt den Raum zu öffnen für Freude und Leichtigkeit. Das passiert nicht absichtlich, aus Böswilligkeit, sondern aus Unaufmerksamkeit.

Der edle Entschluss, den Bodhisattva-Weg zu gehen und unser Buddhapotenzial zu verwirklichen, befreit uns nicht plötzlich und automatisch von missvergnüglichen Gefühlen und ungeschickten, verletzenden Äußerungen. Wieder und wieder und wieder kann ich versuchen, wach und aufmerksam zu sein und mich von Moment zu Moment wieder und wieder so zu verhalten, wie es der Situation entspricht, ohne durch meine alten, gestrigen Storys und Strategien den offenen Raum der Gegenwart zu begrenzen und zu verdunkeln.

Buddhanatur heißt nicht, dass es nichts zu tun, nichts zu üben, nichts zu verfeinern gibt, sondern einfach, dass grundsätzlich alles in Ordnung ist und dass ich tatsächlich das Potenzial in mir trage, auf eine schöne, offene, elegante Art zu leben, ohne mir andauernd den Kopf anzuschlagen und ohne den anderen unaufhörlich auf die Füße zu treten.

Es liegt alles in meinen Händen, aber *ich* muss gehen, *ich* muss einen Fuß vor den anderen setzen; es gibt keinen Teleporter und niemanden, der mich tragen kann. Ich kann es mir nicht in einem komfortablen Abteil gemütlich machen und mich entspannen, bis ich am Ziel bin. Ich muss den ganzen Weg Schritt für Schritt selbst gehen, ohne zu wissen, wie lange es dauern wird und was mich unterwegs erwartet.

Aber ich muss nicht allein gehen! Ich kann gar nicht allein gehen. Auf Schritt und Tritt bin ich umgeben von Mitreisenden, die mir helfen und mich unterstützen.

Neben meinen Kindern habe ich in meiner Lebensgefährtin Jana eine wunderbare Lehrerin und Mitreisende gefunden. Wir begegneten uns ohne große Erwartungen auf einem kleinen Festival. Sie musste ungefähr alle halbe Stunde zu ihrem Auto, um nach ihrer Tochter zu sehen, und unsere erste gemeinsame Nacht verbrachten wir zusammen mit ihrem Baby im Kofferraum ihres Citroën Picasso. Der Vater ihrer Tochter hatte sie erst ein paar Monate zuvor verlassen, um nach einer achtjährigen Beziehung zurück in sein Heimatland Frankreich zu gehen. Mir wurde jedoch bald klar, dass diese Beziehung nicht wirklich vorbei war. Acht abenteuerliche Jahre der Vertrautheit, Liebe und zähen Gewohnheit verbinden die beiden.

Ich begann, mich in eine Frau zu verlieben, die meine Liebe zwar erwiderte, die aber das Liebesverhältnis zum Vater ihres Kindes nicht recht beenden konnte und wollte, also teile ich mir ihre Liebe seit eineinhalb Jahren mit ihm. Das ist für alle Beteiligten nicht immer ganz leicht, aber ein jeder von uns kann von

Moment zu Moment neu entscheiden, ob und wie er in dieser Konstellation sein kann und will. Und natürlich ist auch diese Situation nicht fixiert und stabil, sondern alles ist in ständiger Bewegung.

Also auch hier: keine Routine, keine Sicherheit, kein Hafen bequemer Romantik, sondern emotionale Herausforderung. Immer wieder müssen (und dürfen) wir uns neu begegnen und müssen aufs Neue entscheiden, ob wir gemeinsam weiterwollen und -können. Und wir wissen nicht, wohin es uns führt. Langsam verstehe ich: Liebe ist kein Swimmingpool, in den wir einmal gemeinsam hineinhüpfen, um dann ununterbrochen vergnügt zusammen darin herumzuplantschen. Liebe ist die Fähigkeit, den anderen zu sehen, in seiner Schönheit, in seiner Hässlichkeit, und die Bereitschaft, einander wieder und wieder zu begegnen und sich einander wieder und wieder anzuvertrauen. Wenn wir lieben, dann öffnen wir uns dem anderen, sind verletzlich und blühen, Seite an Seite.

Der Taufpate meines Bruders gab eine erfolgreiche medizinische Laufbahn auf und wurde Mönch in einem Benediktinerkloster. In seinem jährlichen Rundbrief beschrieb er einmal, wie er sich Tag für Tag neu für sein monastisches Leben zu entscheiden habe. Es gibt wohl keinen Entschluss, der uns sicher und zweifelsfrei durch unser ganzes Leben trägt. Wir müssen uns wieder und wieder neu entscheiden, wir dürfen uns wieder und wieder neu entscheiden. Jeder Moment ist absolut offen und frisch, und es gibt kein einmaliges, unwiderrufliches Ja oder Nein bis ans Ende unserer Tage.

Mit jedem erneuten Ja zum gemeinsamen Gehen mit meiner Lebensgefährtin, trotz emotionaler Herausforderung, trotz Unsicherheit, Eifersucht und andauernder Verletzlichkeit, mit jedem erneuten Mich-auf-sie-Beziehen, wächst meine Liebe zu ihr, wurzelt noch tiefer und blüht noch schöner.

Und darüber hinaus: Wo anders kann und muss ich so viel lernen über die Flüchtigkeit innerer und äußerer Phänomene, über meine Wunden und Narben, meine Hoffnungen und Ängste, über Eifersucht, Ärger, Verlangen und Gier? Und wo könnte ich mich so gut üben in Lieben, Loslassen, Vertrauen, Geduld? Sie ist die perfekte Lehrerin.

Mein Leben ist also ein perfekter Übungsraum für innere Arbeit, die optimale Bodhisattva-Schule. Um mich herum haben sich die geschicktesten, geduldigsten, liebevollsten Lehrer versammelt, um mir zu helfen, mein Buddhasein aufblühen zu lassen. Es gibt keine besseren Umstände für spirituelle Entwicklung als unser alltägliches Leben, ja, echte Spiritualität findet sich *nur* in unserem alltäglichen Sein – alles außerhalb davon ist nur ein weiterer Trip, ein weiterer Fantasy-Film der egozentrischen Identität.

Die äußeren Umstände sind, wie sie sind. Es liegt an mir, ob ich sie als Lernfeld begreife, als einen offenen Raum, in dem ich langsam das Tanzen lernen kann, oder als Kerker und Folterkammer, als Raum der Enge und Enttäuschung. Der Bodhisattva-Weg führt uns heraus aus unserem Selbstmitleid. Wir brauchen den unerschrockenen Mut eines Samurai, um diesen Weg zu gehen.

Irgendjemand behauptete einmal: Wir erhalten alles, was wir uns wünschen, nur eine Nummer zu groß oder eine Nummer zu klein. Ich denke, alles, was uns widerfährt, hat genau die richtige Größe und das richtige Gewicht. Nur wir selbst sind manchmal zu schwach, zu dick oder zu dünn, um zu tragen, was zu tragen ist.

Dharma ist eine Methode, die uns helfen kann, mit den Gegebenheiten Schritt für Schritt besser klarzukommen. Dharma bringt Ordnung und Sinn ins bunte Chaos der Erfahrung. Dharmapraxis heißt, wache Aufmerksamkeit ins Zentrum des eigenen Erlebens zu platzieren, sodass sich die ganze bunte Vielfalt der Erfahrungen auf dieses Zentrum hin organisieren kann.

Mit wacher Aufmerksamkeit als zentralem Bezugspunkt verbinden sich die samsarischen Puzzlestücke leidvoller Erfahrung zu einem harmonischen, fließenden Muster, und jede Bewegung darin ist bedeutungsvoll und kann uns helfen, das Ganze besser zu verstehen und die eigene Bewegung mit der Bewegung des Ganzen zu synchronisieren. Dann wird jedes Ereignis zur lehrreichen Lektion, und das ganze Leben wird immer mehr zu einem reibungslosen Tanz.

Der Bodhisattva ist ein Künstler. Der Stoff für seine Kunst ist das ganze bunte Spektrum seiner Erfahrung. Sein Blick auf das, was ihm von Moment zu Moment widerfährt, ist der offene, unvoreingenommene Blick des Kreativen, und sein Ausdruck ist ein schöpferischer, spontaner. So kann er in jeder Situation ihre spezifischen inspirierenden Aspekte sehen und spielerisch auf die Herausforderungen seines Lebens reagieren.

Dharma ist also kein Korsett, das unser Denken und Tun in eine bestimmte starre Form hineinpressen soll, sondern es ist Denken und Handeln im Einklang mit den momentanen Gegebenheiten.

Zwei Zen-Mönche wanderten einmal gemeinsam durch den Regen. Sie kamen an einen Fluss, der schäumend über die Ufer getreten war. Dort stand eine junge, schöne Frau und wusste nicht, wie sie rüber ans andere Ufer kommen sollte. Einer der Mönche überlegte nicht lange, sondern nahm sie auf die Schultern, trug sie durch die reißende Strömung und setzte sie am anderen Ufer wieder ab.

Die beiden Mönche wanderten weiter, der eine pfiff vergnügt ein Lied vor sich hin, während der andere mit düsterer Miene durch den Regen trottete. Nach einer Stunde fragte der fröhliche seinen missmutigen Ordensbruder: „Hey Bruder, was ist denn los mit dir? Du machst ja ein Gesicht wie ganze sieben Tage Regenwetter!"

Da brach es aus dem anderen heraus: „Du hast dein Gelübde als Mönch gebrochen! Wir dürfen Frauen nicht einmal berühren, und du nimmst sie auf deine Schultern, hast ihren Schoß im Nacken und ... und! Ihr Kimono rutschte ihr von den Schultern, und ihre nackten Beine konnte man auch sehen!"

Da lachte der Beschuldigte und gab zur Antwort: „Siehst du, ich hab sie schon längst am anderen Ufer abgesetzt, du trägst sie immer noch mit dir herum."

Achtsamkeit im Alltag

„Eine Frau erzählte Suzuki Roshi, wie schwierig sie es
finde, die Zen-Praxis mit den Anforderungen des Haus-
frauendaseins zu vereinbaren. ,Ich fühle mich, als würde
ich versuchen, eine Leiter hochzusteigen. Aber bei jedem
Schritt nach oben falle ich zwei Schritte zurück.'
,Vergiss die Leiter', sagte Suzuki Roshi zu ihr. ,Zen ist
genau hier, am Boden.'"

David Chatwick [66]

Ich bin ein Meister darin, meinem Alltag zu entfliehen. Viele
kostbare Stunden gingen mir verloren auf der Suche nach dem
Wunderbaren, dem Außergewöhnlichen, Speziellen. Tagträume, Drogenerfahrungen, Literatur – über die Jahre entwickelte
ich ein ziemliches Geschick darin, mich dem Alltäglichen zu
entziehen.

Mein Sohn lag einmal in seinem Bett und weinte bitterlich.
Ich musste ein paar Mal fragen, bis er versuchte, mir den Grund
seiner Trauer zu erklären. Er weinte, weil es keine Drachen
gibt. Keine Drachen, keine Zwerge, keine Flaschengeister. Seine
bunte, geheimnisvolle Märchenwelt war verblasst und die nüch-
terne „erwachsene" Alltagswelt, an deren Schwelle er plötzlich
stand, schien ihm langweilig, trostlos und grau.

Jahrelang war ich nur halb bei der Sache. Im Kreis meiner Familie, meiner Freunde, auf Partys und selbst auf Reisen, ich war
nie ganz beteiligt. Ein Teil war wie verloren in der Sehnsucht

nach dem Außergewöhnlichen, in Träumen, Vorstellungen und Zukunftsvisionen.

Aber auch die knisterndste, abenteuerlichste Vision ist nur ein blasses, lebloses Konstrukt meiner Fantasie, ein eindimensionales, lebloses Bilderspiel. Tatsächlich ist selbst das banalste, alltäglichste Ereignis des wirklichen Lebens bunter, vielschichtiger und aufregender als meine ausgeklügeltste Träumerei.

Immer wenn wir uns in abenteuerliche Storys und Filme flüchten, dann kommt darin die Furcht vor dem eigentlichen Abenteuer zum Ausdruck, dem Abenteuer des Lebens. Dieses Abenteuer ereignet sich in unserem alltäglichen Leben!

Jede Geschichte, die ich erdenken kann, setzt sich aus bereits Bekanntem zusammen. Nur das tatsächliche Leben ist immer neu, von Augenblick zu Augenblick. Lediglich meine alten, trägen Wahrnehmungsgewohnheiten halten mich im abgestandenen Klärschlamm des vermeintlich Alltäglichen fest. Das eigentliche Abenteuer beginnt hier und jetzt, zwischen Zähneputzen, Abspülen und Wocheneinkauf. Zähneputzen *ist* das eigentliche Abenteuer! Solange ich mir etwas anderes, Aufregenderes, Bedeutungsvolleres wünsche, werde ich niemals ankommen, niemals da sein, niemals wirklich sein, sondern immer nur halb, eine Chimäre, halb Mensch, halb unwirkliches Fabelwesen.

Der Bodhisattva lässt sich voll und ganz auf das ein, was ist. Er ist durch und durch wach und steckt nicht andauernd mit einem Fuß im klebrigen Schlamm seiner Träume fest. Alles, was er tut, tut er ganz, selbst seine unbedeutendste Handlung ist Ausdruck seines Lebendigseins. Er ist sich für nichts zu gut. Klo putzen, meditieren, Unkraut jäten – überall die gleiche Sorgfalt.

Erst wenn wir gern Kartoffeln schälen, wenn wir es lieben, im Stau zu stehen und frühmorgens zum Bahnhof zu radeln, erst dann sind wir angekommen. Solange wir unterscheiden zwischen Freizeit und Pflichterfüllung, zwischen Dingen, die wir gern tun, und lästiger Notwendigkeit, zwischen Heiligem und Profanem, bleiben wir Hobby-Bodhisattvas und verschwenden unsere kostbare Zeit mit sinnfreiem Herumgetue. Wenn wir den Weg des Bodhisattvas gehen, dann ist es ganz egal, *was* wir gerade tun. Wichtig ist nur, *wie* wir es tun.

Ob ich nun gerade der Tochter meiner Freundin die Windel wechsle oder Brunnen in Afrika grabe, ob ich Geschirr abspüle oder auf meinem Meditationskissen sitze, im Tempel, im Supermarkt, in der U-Bahn und auf dem Klo – überall kann ich aufmerksam sein, kann mich üben darin, wach und liebevoll zu sein.

Solange ich mich nach der perfekten Traumfrau sehne, übersehe ich das wunderbare Mädchen am Schreibtisch nebenan, bemerke nicht, wie charmant sie lacht und wie leichtfüßig und schön sie sich bewegt und verpasse das verliebte Lächeln, das sie mir morgens schenkt.

Jede noch so unscheinbare Begebenheit enthält eine geheime Botschaft für den, der es versteht, in den Ereignissen zu lesen. Wenn ich beschließe, mein Leben zu nutzen, um immer wacher, freudvoller und liebevoller zu sein, immer mehr das strahlende Wesen zuzulassen, das in mir schlummert, dann muss ich nicht warten, bis mir der voll erleuchtete Guru begegnet, mir einen Punkt auf die Stirn malt, mich bei der Hand nimmt und mich exklusiv ins reine Land der Erleuchteten führt. Ich kann hier und jetzt damit beginnen, aufmerksamer und großherziger zu sein. Dann wird jede Begegnung bedeutungsvoll und jedes Ereignis eine ganz spezielle lehrreiche Erfahrung.

Wir vergeuden unsere Zeit auf der Suche nach Exklusivität! Das größte aller Wunder ist, dass es in den unendlichen Weiten des Weltalls *bewusste* Wesen gibt! Wer noch mehr erwartet, der versteht irgendwie nicht recht, worum es eigentlich geht.

Immer wenn ich liebevoll und aufmerksam bin, dann weiß ich: Alles ist gut. Nichts fehlt, nichts ist zu viel, egal, mit wem ich wo bin und was ich gerade tue. Wenn ich liebevoll und aufmerksam bin, dann kann ich mich sorgfältig um das kümmern, was im Moment ansteht, ohne Sorge, dass etwas falsch läuft, und ohne Hoffnung auf etwas noch Besseres. Die Tür zum Wunderland steht immer offen. Diese Tür ist die wache Aufmerksamkeit.

„Kurzum, wo immer ihr seid, was ihr auch tut, fragt
euch: Wie ist der Zustand meines Geistes?
Seid ständig achtsam und bewusst und arbeitet zum
Wohl der anderen. So üben Bodhisattvas sich."

Thogme Zangpo[67]

Buddhageist – Anfängergeist

„Im Anfängergeist sind viele Möglichkeiten enthalten, im Geist des Fachmannes nur wenige."

Shunryu Suzuki [68]

Wenn wir wach und aufmerksam sind, dann gibt es keine Routine. Jeder Moment ist frisch und unverbraucht. Unser Träumen besteht darin, dass wir denken, wir wüssten Bescheid. Dieses Bescheidwissen hält uns im Vorgestern gefangen. All unsere Geschichten der Hoffnung und Furcht sind alte, wieder- und wiedergekäute Storys der Mutlosigkeit. Kenn ich schon! Kenn ich auch! Kenn ich!

Samsara ist die Welt des Altbekannten. In dieser Welt handeln wir immer wieder auf die altbekannte Weise und leiden immer wieder auf die altbekannte Weise. Wir sind hoch spezialisierte Fachleute der Unzufriedenheit.

Auf die Frage, wie man den Buddhismus in einem Satz zusammenfassen könne, antwortete Suzuki Roschi einmal: „Alles wandelt sich."

Alles wandelt sich! Ständig. Von Moment zu Moment. Wenn wir das zutiefst verstehen und akzeptieren, dann graben wir unseren ewig gestrigen Storys der Hoffnung und Furcht das Wasser ab und können damit beginnen, die Welt so zu sehen, wie sie wirklich ist. „Das kenn ich schon!" ist daher ein gewaltiger Irrtum. Wie können wir etwas kennen, das sich ständig verändert?

Und auch ich selbst verändere mich ständig, von Augenblick zu Augenblick. Nichts in mir und um mich herum ist stabil, *alles* ist *immer* offen und frisch, von Moment zu Moment neu und unverbraucht.

Es erfordert Mut, die Welt so zu sehen, wie sie ist. Der Bodhisattva stürzt sich wieder und wieder ins Unbekannte. Er begegnet den Herausforderungen seines Lebens, ohne auf altbewährte Strategien zurückzugreifen. Und genau darin liegt seine Leichtigkeit und Sorglosigkeit. Er ist kein Fachmann, sondern der absolute Anfänger, nackt und verletzlich wie ein Neugeborenes, wie ein Säugling, der zum ersten Mal die Augen aufschlägt.

Als ich Ringu Tulku Rinpoche darum bat, den Buddhismus in einem Satz zusammenzufassen, antwortete er mit einem Wort: „Mindfulness. It's all about mindfulness."

Achtsamkeit, wache Aufmerksamkeit. In diesem offenen, verletzlichen Zustand der Wachheit erfahren wir die Welt von Moment zu Moment direkt so, wie sie ist, ohne uns hoffnungslos im Irrgarten unserer ewig gestrigen Meinungen und Überzeugungen zu verlaufen. Wenn wir aufmerksam sind, dann müssen wir uns nicht länger auf die altbewährten Strategien der Verwirrung stützen, Strategien, die uns wieder und wieder verletzen und enttäuschen.

Ein Bodhisattva bewegt sich durchs Leben wie sich ein Buschmann durch die Wüste bewegt: nackt, ohne Kompass, ohne Karte und Wassertank. Sein einziger Schutz ist seine wache Aufmerksamkeit, und dank ihr ist er in der Lage, sich furchtlos wieder und wieder ins Unbekannte zu stürzen.

„Alles wandelt sich!" Das ist der Duft, der spezielle Geruch des Buddhismus, und „wache Aufmerksamkeit" ist sein Geschmack. Wenn wir wach und aufmerksam sind, dann tanzen wir mit dem Leben und stemmen uns nicht verzweifelt dagegen.

Wir müssen nicht leiden! Enttäuschung und Unzufriedenheit sind kein Naturgesetz, sondern Resultat einer verwirrten Sicht und eingerosteter, unangemessener Strategien. Tatsächlich *sind* wir wache, aufmerksame Wesen. Das Wesentliche in uns ist wache Aufmerksamkeit. Aber wir sind daran gewöhnt, schläfrig vor uns hinzudösen und uns in träger Träumerei gehenzulassen.

Diese trägen Träume der Hoffnung und Furcht schmecken nach Unzufriedenheit und Enttäuschung. Wenn wir wach und aufmerksam sind, dann sehen wir die Welt durch die Augen des Buddha.

Diese wache Aufmerksamkeit kann sich nur *jetzt* ereignen. Wir können *jetzt* einfach die Augen aufschlagen! Wir haben die Wahl zwischen Wachsein und Traum, wieder und wieder und wieder, jetzt, jetzt, JETZT. In dieser Wachheit vereinen sich Liebe und Weisheit und unser wahres Wesen, unser Buddhasein, beginnt zu blühen.

„Nimm die Dunkelheit, die sich über Tausende von Zeitaltern angesammelt hat – ihre geballte Finsternis wird durch eine einzige Lampe vertrieben. Genauso beseitigt

ein einziger Moment des lichten Klarseins des Geistes alle
Übeltaten und Verschleierungen, die sich über Äonen
angehäuft haben."

Tilopa, Mahamudra Upadesa[69]

Ganz egal, was wir bis jetzt gedacht, gefühlt, gesagt und getan haben, ganz egal, wie finster und zäh der Nebel unserer gewohnheitsmäßigen Tendenzen auch sein mag – wir müssen nicht ewig darin herumstolpern, sondern wir haben die Freiheit, uns ganz entspannt in die Sonne zu legen: jetzt.

Wir können unserem Wesen jederzeit eine neue Ausrichtung geben. Alles in uns ist grundsätzlich so angelegt, dass wir zufrieden und glücklich sein können. Weisheit und Liebe sind keine wesensfremden Ideale, sondern Qualitäten, die zu unserer menschlichen Grundausstattung gehören. Sie äußern sich natürlich und spontan, sobald wir uns wach und aufmerksam im gegenwärtigen Moment entspannen.

Wasser ist grundsätzlich durchsichtig und klar. Sobald wir eine Handvoll Erde hineinrühren, erscheint es trübe und braun, aber tatsächlich bleibt es völlig unbeschmutzt. Und wenn wir aufhören, darin herumzurühren, dann wird sich die Erde langsam ganz von selbst am Boden absetzen, und das Wasser erscheint wieder absolut klar und frisch.

Unsere wahre Natur ist Buddhanatur, ungetrübte, offene Wachheit. Wir können uns *jederzeit* für das Leben entscheiden und die volle Verantwortung dafür übernehmen, für unsere Befindlichkeiten und unsere Äußerungen. Wir müssen uns nicht immer tiefer und tiefer in den finsteren Abgrund unserer Ängste und Sorgen fallen lassen, sondern wir können wieder und wieder unsere Flügel ausbreiten, fliegen und uns an einem entspannten Gleitflug erfreuen.

Es war einmal ein Schwanenei, das irgendwie in einem Hühnerstall landete. Eines der Hühner nahm die Herausforderung an und brütete das Schwanenküken aus. Der Schwan wuchs im Hühnerhof heran und war völlig überzeugt von seinem Hühnersein. Er versuchte nach Körnern zu picken, nach Würmern zu scharren und nachts auf der Stange zu schlafen. Aber er war ein miserables Huhn, und je älter er wurde, umso lachhafter wurde das Ganze.

Seine Ziehmutter verzweifelte immer mehr an ihrem unbrauchbaren Sprössling, und der unbeholfene graubraune Vogel wurde schnell zum Gespött des ganzen Hühnerhofes. Die Hühner begannen, auf ihm herumzupicken, und sein Kopf hing immer mehr herab an seinem sonderbaren langen Hals. Er ließ sich von Tag zu Tag mehr gehen und versank in Selbstzweifeln und Selbstmitleid.

Endlich, eines Tages, überflog ein Schwan den Hühnerhof. Er bemerkte seinen erbärmlichen Artgenossen, landete auf der Wiese neben dem Zaun und fragte: „Hey, Kleiner, was suchst du denn da bei den Hühnern?"

Der junge Schwan war verwirrt und wusste nicht, was der schöne große Vogel von ihm wollte.

„Du gehörst runter an den Fluss, Kleiner!", sprach der. „Du bist ein Schwan und kein Huhn. Unsereins gleitet elegant übers

Wasser und fliegt pfeifend durch die Lüfte, anstatt im Staub nach Würmern zu scharren! Komm mit mir!"

Der junge Schwan konnte nicht glauben, was der Ältere ihm da offenbarte. „Ich bin ein Huhn!", piepste er und versuchte dabei die Hühner zu imitieren. Es dauerte den halben Vormittag, bis der Ältere den Jungen überreden konnte, wenigstens einmal mit runter zum Fluss zu schauen, und es wurde Mittag, bis sie unten ankamen. Der junge Schwan blieb alle paar Schritte stehen und wühlte mit seinem breiten Schnabel im Dreck nach Würmern.

Als sie endlich unten waren, erblickte er im Wasser sein Spiegelbild – und da streckte er seinen schlanken Hals und schlug voller Freude mit den Flügeln. „Alles ist völlig in Ordnung mit mir! Ich bin tatsächlich ein Schwan! Ein Schwan und kein schreckhaftes Huhn!"

Lass uns runter zum Fluss gehen! Wir haben schon lange genug im Staub nach Würmern gescharrt. Lass uns fliegen und elegant übers Wasser gleiten, wie es unserer eigentlichen Natur entspricht! Es wird eine Weile dauern, bis wir uns in Luft und Wasser heimisch fühlen, aber wir können genau *jetzt* damit beginnen.

Draußen singen die Vögel, der Wind trägt den Duft der Apfelblüten durchs offene Fenster herein, oben spielen die Kinder. Ich atme ein – und atme wieder aus. Alles ist völlig in Ordnung.

„Ihr alle seid vollkommen, so wie ihr seid [...], und ein bisschen Vervollkommnung könntet ihr durchaus vertragen."

Shunryu Suzuki [70]

Kontakte zur Sangha

Michael Feike:
www.openmind-dharma.net
www.facebook.com/openmind.dharma
dharmabum@freudenkinder.de

auch bei: www.ethik-heute.org

Ringu Tulku Rinpoche:
www.bodhicharya.org
www.bodhicharya.de
www.bodhicharya-huttenried.de

Garchen Rinpoche:
www.garchen.com
www.garchen.de
www.milareparetreat.org

Ein paar weitere:
www.buddhismus-deutschland.de
www.zen-kreis-hamburg.de
www.zenkreis-weilheim.de
www.zen-kreis-landsberg.de
www.kagyuoffice.org
www.kamalashila.de
www.drikung.de
www.drikung.org
www.yeshekhorlo.de
www.yeshekhorlo.org
www.shambhala.org
www.rigpa.org

Literatur und Quellen

Namkai Norbu, *Der Kristallweg*, Diederichs Verlag, München 1989
Ikkyû Sôjun, *Gedichte von der verrückten Wolke*, Angkor Verlag, *Meditations-Sutras des Mahayanna-Buddhismus*, Band 2, Origo Verlag, Zürich 1973
Lin Chi, *Das Zen von Meister Rinzai*, Kristkeitz Verlag, Leimen 1990
Gangteng Tulku Rinpoche, *Samantabhadra Dzogchen-Gebet*, Khampa-Buchverlag, Osterby 2003
Bodhidharma, *Bodhidharmas Lehre des Zen*, Theseus, München 1990
Karmapa Wangchug Dordje, Mahamudra, *Der Ozean des wahren Sinnes*, Edition Oktopus, Münster 2009
Dilgo Khyentse, *Erleuchtete Weisheit*, Theseus, Berlin 2003
Patrul Rinpoche, *Die Worte meines vollendeten Lehrers*, Arbor Verlag, Freiamt 2001
G. I. Gurdjieff, *Gurdjieffs Gespräche*, Sphinx, Basel 1982
Dhammapada, Herder, Freiburg 1998
Phagmodrupa, *Die stufenweise Aneignung der Lehren des Buddha*, Otter Verlag, Düsseldorf 2008
Gampopa, *Der kostbare Schmuck der Befreiung*, Theseus
Ryokan, *Eine Schale, ein Gewand*, Werner Kristkeitz Verlag, Leimen 1999

Aryadeva, *Catuhshataka*, Angkor, Frankfurt 2007
Stephen Batchelor, *Nagarjuna – Verse aus der Mitte*, Edition Steinrich, Berlin 2011
Keith Dowman, *Im Auge des Sturms*, O. W. Barth, Frankfurt 2009
David Chatwick, *Eine Ecke dieser Welt erhellen*, O. W. Barth, Frankfurt 2001
Miranda Shaw, *Frauen, Tantra und Buddhismus*, Fischer, Frankfurt, 2000
Dogen Zenji, *Shobogenzo*, Theseus, Zürich 1983
Padmasambhava, *Die geheimen Dakini-Lehren*, Wandel Verlag, Berlin 2011
Piero Ferrucci, *Unermesslicher Reichtum*, Rowohlt, Reinbek 1994
Wolfram von Eschenbach, *Parzival*, Weltbild, Leipzig 1992
Thogme Zangpo, *Die siebenunddreißig Übungen der Bodhisattvas*
Shunryu Suzuki, *Zen-Geist, Anfänger-Geist*, Theseus, Berlin 1998
Tilopa, *Mahamudra Upadesa*, Garchen Dharma Institut e.V.
Lodjong, der große Weg des Erwachens, Norbu Verlag, Obermoschel 2009

Des Weiteren empfehle ich alle Bücher von Ringu Tulku Rinpoche und von S. E. Garchen Rinpoche, meinen verehrten Lehrern. Diese Bücher sind im Internet zu finden.

Fußnoten

1 Robert Aitiken, *Zen als Lebenspraxis,* Diederichs Verlag, München 1991, Seite 157

2 Tilopa, *Mahamudra Upadesa,* Drikung Kagyü Verlag, Aachen 2006, bei Garchen Dharma Institut e.V., Seite 12

3 *Das Gebet Kuntuzangpos des ursprünglichen Buddhas Samantabhadra,* Garchen Dharma Institut e.V., München, 2000

4 Namkai Norbu, *Der Kristallweg,* Diederichs Verlag, München 1989, Seite 17

5 Ikkyû Sôjun, *Gedichte von der verrückten Wolke,* Angkor Verlag, Frankfurt 2007, Seite 9

6 Zitiert nach Jim DeKorn, *Psychedelischer Neo-Schamanismus,* Die Grüne Kraft, 1995

7 *Meditations-Sutras des Mahayanna-Buddhismus,* Band 2, Origo Verlag, Zürich 1973, Seite 9

8 *Meditations-Sutras des Mahayanna-Buddhismus,* Band 2, Seite 11

9 Lin Chi, *Das Zen von Meister Rinzai,* Kristkeitz Verlag, Leimen 1990, Seite 62

10 *Meditations-Sutras des Mahayanna-Buddhismus,* Band 2, Seite 15

11 Gangteng Tulku Rinpoche, *Samandrabhadra Dzogchen-Gebet,* Khampa Edition, Osterby, o.J., Seite 82

12 Bodhidharma, *Bodhidharmas Lehre des Zen,* Theseus, München 1990, Seite 43

13 Karmapa Wangchug Dordje, *Mahamudra, Der Ozean des wahren Sinnes,* Edition Oktopus, Münster 2009, Seite 23

14 *Mahamudra, Der Ozean des wahren Sinnes,* Seite 23

15 *Mahamudra, Der Ozean des wahren Sinnes,* Seite 23

16 *Gedichte von der verrückten Wolke,* Seite 71

17 Zitiert nach Phagmodrupa, *Die stufenweise Aneignung der Lehren des Buddha,* Otter Verlag, Düsseldorf 2008, Seite 40

18 Zitiert nach Dilgo Khyentse, *Erleuchtete Weisheit,* Theseus, Berlin 2003, Seite 31

19 Dieses Zitat wurde mir mündlich weitergegeben, ich kenne die ursprüngliche Quelle nicht.

20 *Mahamudra, der Ozean des wahren Sinnes,* Seite 27

21 Patrul Rinpoche, *Die Worte meines vollendeten Lehrers,* Arbor Verlag, Freiamt 2001, Seite 91

22 Zitiert nach: *Die Worte meines vollendeten Lehrers, Seite 102*

23 G. I. Gurdjieff, *Gurdjieffs Gespräche*, Sphinx, Basel 1982, Seite 309

24 Zitiert nach: *Die Worte meine vollendeten Lehrers,* Seite 94

25 Zitiert nach: *Mahamudra, Der Ozean des wahren Sinnes,* Seite 36

26 Zitiert nach: *Die Worte meines vollendeten Lehrers,* Seite 174

27 Zitiert nach: *Erleuchtete Weisheit,* Seite 35

28 Zitiert nach: *Mahamudra, Der Ozean des wahren Sinne*s, Seite 38

29 *Dhammapada*, Herder, Freiburg 1998, Seite 17

30 Zitiert nach: *Die Worte meines vollendeten Lehrers,* Seite 145

31 *Gesang von Naropa,* übersetzt aus dem Englischen von Ani Karma Tsultrim, Huttenried

32 *Die stufenweise Aneignung der Lehren des Buddha,* Seite 62

33 Gampopa, *Der kostbare Schmuck der Befreiung*, Theseus, Berlin, o.J., Seite 108

34 *Der kostbare Schmuck der Befreiung,* Seite 108

35 Zitiert nach: *Die stufenweise Aneignung der Lehren des Buddha,* Seite 60

36 *Das Zen von Meister Rinzai,* Seite 53

37 Zitiert nach: Reshad Feild, *Ich ging den Weg des Derwisch,* Diederichs, München 1993

38 Lama Thubten Yeshe, *Vajrasattva,* Diamant Verlag, München

39 Zitiert nach: *Mahamudra, Der Ozean des wahren Sinnes,* Seite 63

40 Ryokan, *Eine Schale, ein Gewand*, Kristkeitz Verlag, Leimen, 1999, Seite 28

41 Zitiert nach: *Mahamudra, Der Ozean des wahren Sinnes,* Seite 70

42 Zitiert nach: *Mahamudra, Der Ozean des wahren Sinnes*

43 »Buddhismus aktuell«, 1/2013, Seite 39, in einem Interview des Autors mit Garchen Rinpoche.

44 Zitiert nach: Stephen Batchelor, *Nagarjuna. Verse aus der Mitte*, Edition Steinrich, Berlin 2011, Seite 28

45 Aryadeva, *Catuhshataka*, Angkor, Frankfurt 2007, Seite 46

46 Rangjung Dorje, *Das Mahamudra-Gebet,* übersetzt von Sonam Lhündrup, Auvergne, 1994, Seite 9

47 *Mahamudra, Der Ozean des wahren Sinnes,* Seite 196

48 *Nagarjuna. Verse aus der Mitte,* Seite 30

49 Zitiert nach: Keith Dowman, *Im Auge des Sturms*, O. W. Barth, Frankfurt 2009, Seite 4

50 *Das Gebet Kuntuzangpos*

51 David Chatwick, *Eine Ecke dieser Welt erhellen*, O. W. Barth, Frankfurt 2001, Seite 118

52 Zitiert nach: *Mahamudra, der Ozean des wahren Sinnes, Seite 134*

53 Zitiert nach: *Mahamudra, der Ozean des wahren Sinnes, Seite 187*

54 Zitiert nach: *Mahamudra, der Ozean des wahren Sinnes, Seite 128*

55 Zitiert nach: *Mahamudra, der Ozean des wahren Sinnes, Seite 128*

56 Zitiert nach: Miranda Shaw, Frauen, *Tantra und Buddhismus*, Fischer, Frankfurt, 2000, Seite 119

57 *Eine Ecke dieser Welt erhellen*, Seite 25

58 Dogen Zenji, *Shobogenzo*, Theseus, Zürich 1983, Seite 62

59 *Lodjong, der große Weg des Erwachens*, Norbu Verlag, Obermoschel 2009, Seite 288

60 *Lodjong, der große Weg des Erwachens*, Seite 19

61 Zitiert nach: *Frauen, Tantra und Buddhismus*, Seite 72

62 Padmasambhava, *Die geheimen Dakini-Lehren*, Wandel Verlag, Berlin 2011, Seite 5

63 *Eine Ecke dieser Welt erhellen*, Seite 23

64 Piero Ferrucci, *Unermesslicher Reichtum*, Rowohlt, Reinbek 1994, Seite 34

65 Wolfram von Eschenbach, *Parzival*, Weltbild, Leipzig 1992, Seite 7

66 Zitiert nach: *Eine Ecke dieser Welt erhellen*, Seite 73

67 Thogme Zangpo, *Die siebenunddreißig Übungen der Bodhisattvas*, Drikung Garchen Institut e.V., München, Seite 17

68 Shunryu Suzuki, *Zen-Geist, Anfänger-Geist*, Theseus, Berlin 1998

69 *Mahamudra Upadesa*, Seite 7

70 *Eine Ecke dieser Welt erhellen*, Seite 17